AF402447

PROCÈS

D'AUGUSTIN-JOSEPH CARON,

LIEUTENANT-COLONEL EN RÉTRAITE,

ET

DE FRÉDÉRIC-DIEUDONNÉ ROGER,

ÉCUYER;

TOUS DEUX DOMICILIÉS À COLMAR,

DÉPARTEMENT DU HAUT-RHIN;

TRADUITS

LE DIX-HUIT SEPTEMBRE 1822,

DEVANT

LE 1er CONSEIL DE GUERRE PERMANENT

DE LA 5.me DIVISION MILITAIRE,

SÉANT A STRASBOURG,

POUR CRIME D'EMBAUCHAGE.

STRASBOURG,

CHEZ JEAN-HENRI HEITZ, IMPRIMEUR-LIBRAIRE,

RUE DE L'OUTRE N. 3.

AVERTISSEMENT.

———

En publiant le procès de MM. Caron et Roger, traduits devant le premier conseil de guerre de la cinquième division militaire, comme prévenus d'embauchage pour les rebelles, nous n'avons voulu mettre sous les yeux du lecteur que le récit de ce qui s'est passé dans les cinq audiences que cette affaire importante a occupées. Notre relation ne présentera pas, sans doute, *tout* ce qui a été dit dant l'intérêt de l'accusation, et dans l'intérêt de la défense ; mais du moins ne pourra-t-on nous reprocher de publier *rien* qui n'ait été dit effectivement de part et d'autre.

Peut-être devrions nous faire connaître ici les faits et circonstances qui ont donné lieu à ce procès capital; mais d'abord, ces faits et circonstances ne sont ignorés ni de l'Alsace, ni de la France entière; et, en second lieu, ils seront suffisamment éclaircis dans les débats et dans les plaidoiries. On n'a point oublié que le 2 Juillet 1822, Colmar, ce chef-lieu si pacifique du département du Haut-Rhin, devînt tout à coup le théatre d'un déploiement de forces militaires extraordinaire. A cinq heures du soir on battit la générale, toute la troupe fut mise sur pied, de nombreuses patrouilles furent dirigées sur divers points; les autorités administratives, elles-mêmes, se montrèrent dans les rues de Colmar à pied et à cheval, en costume et l'épée au côté; (M. le comte de Puymaigre, préfet, et M. le baron de Müller, maire, donnèrent, en cette occasion, des preuves non équivoques d'un courage et d'un sang froid, qui ne peuvent être comparés qu'à leur dévouement pour le gouvernement du Roi); des escadrons entiers furent envoyés en reconnaissance sur la route de Mulhouse, tandis que des gendarmes étaient placés aux portes de plusieurs habitans de Colmar etc. etc. Le lendemain le lieutenant-colonel en retraite Caron et l'écuyer Roger furent amenés, liés et garrotés dans les prisons de cette ville; ils avaient été arrêtés dans la nuit à Battenheim, (à huit lieues de Colmar), par les chasseurs de l'Allier et de la Charente avec lesquels ils s'étaient mis en marche.

Les Sieurs Caron et Roger, interrogés d'abord par M. le juge d'instruction de Colmar et ensuite par M. le capitaine rapporteur du 1.er conseil de guerre de la 5.me division militaire, il s'éleva entre ces deux fonctionnaires judiciaires civil et militaire un conflit d'attribution sur lequel la cour de cassation eût à prononcer. M. le juge d'instruction prétendait que MM. Caron et Roger, non militaires, devaient être jugés par la juridiction ordinaire, comme *conspirateurs* ; M. le capitaine rapporteur les revendiquait, en vertu d'une loi de l'an 5, comme *embaucheurs :* la cour de cassation les renvoya en effet devant le conseil de guerre à cause de cette dernière prévention, sauf à les replacer sous la juridiction ordinaire, s'ils étaient acquittés sur le crime d'embauchage. C'est dans cet état que la cause a paru, le 18 Septembre 1822, devant le 1.er conseil de guerre de la 5.me division militaire.

Nos lecteurs remarqueront peut-être que les défenseurs se sont resserrés dans les limites les plus étroites de l'accusation qu'ils avaient à combattre. Nous ne rechercherons point les motifs de cette restriction qui, d'ailleurs, pourra s'expliquer d'elle-même ; nous ferons seulement observer que MM. Liechtenberger et Marchand, plaidant devant un tribunal militaire, ont pu se croire obligés, dans l'intérêt d'une défense aussi grave, d'éviter tout développement de principes, toutes réflexions critiques qui eussent, peut-être, fatigué l'attention de MM. les membres du conseil....

PROCÈS

D'AUGUSTIN-JOSEPH CARON

ET

DE FRÉDÉRIC-DIEUDONNÉ ROGER.

———

1.er CONSEIL DE GUERRE PERMANENT

DE LA 5.me DIVISION MILITAIRE.

———

Audience du 18 Septembre 1822.

A dix heures le conseil entre en séance.

Il est composé de

MM. le baron D'ESCORDAL, colonel du 25.e régiment de ligne, *Président.*

— TARDIF, major au même régiment,

— GEORGE, capitaine au 40.e de ligne,

— HERBILLON, capitaine au 3.e de ligne,

— FRISON, lieutenant au 40.e de ligne,

— GRANGIER, sous-lieutenant au 25.e de ligne,

— CRAQUELIN, serg.^t-major au bat.^{on} de pontonniers,

} *Juges.*

— DE FOSSA, capitaine au 3.e de ligne, *Rapporteur.*

— RENAUD D'ALAIN, capit.^e au 40.e de ligne, *Procureur du Roi.*

Les *Défenseurs* des accusés sont

M. LIECHTENBERGER, avocat, pour le lieutenant-colonel CARON;
et M. MARCHAND, étudiant en droit, pour l'écuyer ROGER.

———

M. le Président. Je préviens le public que la loi défend
toute approbation ou improbation, et que si pareille chose
arrivait, je ferais vuider la salle ... MM. les défenseurs, je
vous préviens que si vous vous écartez de ce qui peut être
dans l'intérêt de la défense et pour la défense, j'entends
vous interdire la parole. Et j'entends encore (*se reprenant*)
j'attends de vous que vous vous exprimerez dans des termes
convenables.

M. le capitaine rapporteur a la parole pour la lecture des
pièces.

Après avoir lu les deux ou trois premières pièces, M. le
rapporteur ajoute: je demande la permission de donner lecture au conseil d'une pièce qui m'a été remise par MM.
les défenseurs.

M. le Président. Lisez.

M. le capitaine rapporteur donne lecture d'un écrit, signé
des accusés et de leurs défenseurs, par lequel ils renoncent
à tout moyen de nullité qui résulterait de la non exécution
de la loi, en ce qui concerne la publicité des audiences, et
par lequel ils réclament en conséquence toute la publicité
que comporte le local.

M. le Président. Greffier donnez lecture de l'article de la
loi concernant la publicité des audiences des conseils de
guerre.

Le greffier lit l'article 24 de la loi du 13 Brumaire an V,
il est ainsi conçu:

»Les séances du conseil de guerre seront publiques, mais
»le nombre des spectateurs ne pourra excéder le triple de
»celui des juges etc.« *)

———

*) Les juges sont comme on l'a vu au nombre de 7, ce qui
porte celui des spectateurs à 21.

M. le Président. La loi étant formelle, j'entends qu'elle soit exécutée dans toute sa rigueur.

Un de MM. les juges fait observer que des officiers sont dans la salle au delà du nombre de vingt-un ; M. le Président répond qu'ils sont de service.

M. Mathieu, procureur du Roi, près le tribunal civil, est introduit, et après avoir dit quelques mots à M. le Président, il va s'asseoir à coté de M. Renaud d'alain, procureur du Roi, près le conseil de guerre. Celui-ci fait remarquer que M. le procureur du Roi civil doit compter parmi les vingt-un spectateurs.

M. le Président. M. le procureur du Roi (civil) a mission spéciale du gouvernement pour suivre la procédure. J'entends qu'on fasse sortir un des auditeurs afin d'en rester au nombre prescrit par la loi (cet ordre est exécuté).

M. le capitaine rapporteur reprend la lecture des pièces qui sont très nombreuses. Les suivantes fixent plus particulièrement l'attention.

Strasbourg le 11 Juillet 1822.

Monsieur le capitaine, en exécution des ordres du gouvernement qui considère comme embaucheurs les sieurs Caron et Roger, vous voudrez bien vous rendre de suite en poste à Colmar, pour instruire sur le champ la procédure conformément aux lois des 4 Nivose an IV, et 13 Brumaire an V.

Le Ministre de la Justice donne des ordres pour que les accusés soient mis à votre disposition, et Monsieur le procureur général de la cour Royale, se fera un plaisir de vous fournir tous les renseignemens et dépositions déjà recueillis.

Je joins ici les différens rapports relatifs à l'accusation. Votre information doit être prompte et simple comme le fait qui y donne lieu.

Pour ne point entraver l'action de la justice, vous ne devrez comprendre dans la procédure que les individus arrêtés à la tête des escadrons.

S. Exc. le Ministre de la guerre m'annonce des instructions plus détaillées que je m'empresserai de vous communiquer. Je vous serai obligé de me faire connaitre le moment où votre instruction sera prête et terminée, pour que je puisse donner des ordres pour la convocation du conseil.

La compétence du conseil de guerre pour fait d'embauchage, ne touchant en rien au délit de complot et d'attentat contre l'autorité du Roi, dont sont en même-tems prévenus les accusés, vous les laisserez à la disposition de la justice civile, lorsqu'elle aura besoin de les entendre pour l'action particulière de son information.

Toutefois, en cas d'acquittement pour fait d'embauchage, vous requerriez le renvoi par devant le procureur du Roi de Colmar, pour être suivi contre eux ainsi que de droit.

Agréez, Monsieur le capitaine, l'assurance de mes sentimens d'estime et de considération.

Le Lieutenant-Général des armées du Roi,

Strasb. le 11 Juil. 1822.　　　Commandant la 5.e division militaire.

Baron Pamphile de la Croix.

A Monsieur de Fossa, *capitaine rapporteur du* 1.er *conseil de guerre de la* 5.e *division militaire.*

———

Colmar le 26 Juin 1822.

　Mon Capitaine,

J'ai l'honneur de vous rendre compte que Dimanche 23 du courant à dix heures du matin, me trouvant à table chez mon épouse avec les sous-officiers de mon escadron, le brigadier trompette du régiment vint me prévenir qu'un nommé Gérard, maréchal des logis du 6.e régiment des chasseurs à cheval, me demandait chez Martin, aubergiste. Je répondis à ce brigadier que le maréchal des logis pouvait venir chez moi, et que je l'attendais. Il vint effectivement, il dîna avec nous et m'annonça qu'il avait quelque chose à me dire en particulier. Comme c'était le moment d'aller à la messe, il me donna rendez-vous après la parade au Café Kleber. Je me rendis à ce café, où je trouvai le dit maréchal des logis, le nommé Robin, maréchal des logis de l'escadron y vint avec moi. M. Lory, adjudant sous-officier s'y trouva aussi et un sergent d'infanterie nommé Magnien appartenant au 46.ᵉ de ligne. De fréquentes absences eurent lieu de la part de ce dernier et du maréchal des logis Gérard, des conversations mystérieuses et fort longues eurent lieu dans un corridor derrière le café, ce qu'ayant remarqué, j'en fis des reproches à Gérard, maréchal des logis, qui me répondit, qu'ils avoient quelques affaires à démêler ensemble. La conversation en matières politiques étant attirée par la lecture du journal, surtout sur l'article de l'arrestation du général Berton par trois sous-officiers de carabiniers, je manifestai mon contentement d'une pareille prise et je fus interrompu par le maréchal des logis Gérard, qui me dit : Vous ne pensez pas bien, et je soutiens que non seulement ceux qui ont arrêté le général sont des coquins ; mais encore je vous assure, qu'en mon particulier, j'en suis extrêmement fâché. Je regardai à l'instant ledit Gérard et lui observai que sans doute, il était ivre ou fou : car sans cela il ne parlerait pas ainsi, et qu'au surplus, je l'invitais à se taire, s'il ne voulait point m'obliger à le quitter. A cette menace ledit Gérard me serra la main, en me disant : Tu es mon homme. Nous terminâmes la bouteille de vin, et Robin, maréchal des logis, ainsi que le maître tailleur du régiment, qui s'était approché de notre table, partirent pour la caserne. Gérard et le sergent Magnien me prièrent de les accompagner jusqu'à la porte de Brisac. Ce qu'ayant fait, chemin faisant ledit Gérard me serrait souvent la main en me disant : Mon ami, tu es l'homme qu'il nous faut. Ce propos répété si souvent me força de lui en demander explication, il s'offrit sur le champ de me satisfaire, et pour cela me fit entrer avec le sergent à la poste aux chevaux, auberge située hors de la ville, où étant entrés, il demanda une bouteille de vin et une chambre particulière. Cette dernière demande ne pouvant être satisfaite, puisqu'il ne s'en trouvait point, il me dit : Faisons semblant de boire, et nous partirons ensuite. Néanmoins, étant assis, il s'approchả du sergent et de moi et nous dit: mes amis, il s'agit d'une conspiration, votre bonheur est assuré, le grade d'officier vous est assuré et la croix. Une pareille ouverture ayant jeté un grand trouble dans nos individus, je priai Gérard de vouloir bien s'expliquer plus clairement. Il nous demande alors notre parole d'honneur de ne point le dénoncer. Je répondis à cela que je n'engagerais point ma parole d'honneur qu'autant que ce ne serait point contre mon devoir, ou du moins rien qui puisse attenter au maintien et à la tranquillité du gouvernement légitime; je joignis même la menace, que, s'il ne s'expliquait pas plus clairement, je me verrais forcé, quoique mon ami, de le faire arrêter. Il rit de ma menace, et nous sortîmes d'après son invitation, sans avoir rien bu; nous nous dirigeâmes dans un petit chemin qui coupe de la poste à la route de Brisac, où, étant éloignés de toutes habitations, ledit Gérard nous fit approcher de lui, et, d'un air mystérieux, nous annonça qu'une conspiration tendant à mettre en liberté les prisonniers détenus à Colmar pour crime de conspiration contre l'Etat, et de changer ensuite le gouvernement, laquelle conspiration ne pouvait tarder d'arriver puisqu'il ne manquait plus que d'initier dans la dite conspiration, un sousofficier d'infanterie et un de cavalerie de la garnison de Colmar, et il ajouta, j'ai trouvé les hommes qu'il me faut, en me montrant ainsi que le sergent. Voyant que je renouvellais mes menaces, il me demanda, si j'aimais le roi et le gouvernement d'aujourd'hui? Lui ayant répondu que, nonseulement mon devoir m'en faisait une loi, mais en outre, en mon particulier, je ne croyais point qu'il existe un homme qui puisse aimer les Bourbons plus que moi. Le sergent suivant la même impulsion, assura que c'était aussi son opinion. Sur quoi Gérard nous embrassa tous deux et nous dit : Mes amis, vos colonels étaient à Brisac, je les ai vus, et leur ai parlé, ils m'ont chargé de venir vous voir pour vous inviter à feindre d'entrer dans cette conspiration, pour en suivre le fil, et nous mettre à même d'en connaitre les moteurs, pour, dans un tems opportun, les faire arrêten. Je suis ici à Horbourg avec le colonel Caron qui m'attend pour diner et lequel est à la tête de la dite conspiration. Vous pouvez compter que l'argent ne manquera point, et si nous n'obtenons point les récompenses promises par ces scélérats, nous aurons au moins fait notre devoir en déjouant leurs infâmes projets, et nous aurons mérité l'estime de nos chefs et la reconnaissance de notre pays en livrant aux tribunaux les perturbateurs de l'ordre.

Ayant entendu cette harangue faite par Gérard, je lui touchai cordialement la main en lui demandant pardon d'avoir pu le soupçonner un instant, mais que néanmoins je le prévenais que je ne demandais pas mieux que de seconder ses intentions si elles sont pures ; mais qu'il me permettrait de douter encore jusqu'à l'instant, où je pourrais parler à mon colonel. Sur quoi il me répondit, que je pouvais en rentrant en ville aller directement, ainsi que le sergent chez nos colonels respectifs. Je lui répondis alors, je te promets que nous allons y aller, et si tu nous a trompés tu peux t'attendre à être arrêté, ainsi que ton colonel Caron. Il se mit alors à rire et chercha à me tranquilliser. Il dit au sergent : Demain matin à 8 heures vous vous rendrez sur la route de Rouffac, où vous trouverez le nommé Caron, qui vous dira ce que vous aurez à faire. Quant à toi, me dit-il, tu attendras après l'entrevue du sergent pour savoir ce que tu auras à faire. Après lui avoir récidivé que j'allais chez mon colonel, nous nous séparâmes, et le sergent d'après le conseil que je lui donnai, fut trouver son colonel et moi le mien. Après l'avoir cherché longtems, je l'ai trouvé à sa pension ; au moment de mes premières ouvertures, je m'apperçus que M. le colonel était instruit de la démarche de Gérard, ce qui dissipa tous mes doutes. Je reçus du colonel les instructions nécessaires pour me conduire dans cette affaire, et l'ordre de rendre compte tous les jours de mes démarches et de ce que je pourrais apprendre à M. le capitaine Henri, qui de son côté en rendrait compte au colonel, afin d'éviter que l'on me voie parler trop souvent au colonel, ce qui nécessairement donnerait des soupçons. Le 24 Juin, le sergent Magnien vint me voir, après avoir vu le colonel Caron, et me dit : Le colonel me charge de vous dire que nous devons tous les deux aller trouver, à Brisac, le maréchal des logis Gérard et revenir ensemble le soir à 7 heures et demie à l'entrée de la forêt sur la route de Brisac, où je trouverais Caron qui m'initierait dans sa fameuse entreprise. Nous louâmes donc en conséquence une voiture et partîmes pour Brisac à 3 heures et demie de l'après-dînée. Nous arrivâmes à Brisac à 5 heures et demie, nous vîmes en arrivant Gérard qui nous dit que la réunion n'aurait lieu que le lendemain 25 du courant à 7 heures et demie. Cela fut convenu, étant à Brisac, nous nous décidâmes à rester jusqu'au lendemain. J'eus l'honneur de voir M.M. les colonels de cavalerie et d'infanterie dans la journée ; le soir, étant au Café Kleber, le maréchal des logis Gérard vint nous trouver et avait avec lui un sergent d'infanterie qui, par mille grimaces attira mon attention. Je crus au premier abord que ce sous-officier était fou ; mais ayant interrogé Gérard sur son compte, il m'annonça que cet homme était des nôtres et avait connaissance de toute l'affaire, ce qui me fit beaucoup de peine, ne voyant dans le physique de cet homme, déjà dans l'état d'ivresse, qu'un homme sur la discrétion duquel on ne pouvait pas compter. Inquiet, comme on peut se le figurer, d'avoir un pareil associé, je fis mon possible pour l'apaiser et l'empêcher à tout moment d'appeler par des signes, le sergent Magnien en particulier, signes qui auraient pu jeter des soupçons aux maréchaux des logis chefs étant à table avec nous ; j'y parvins cependant, mais non sans peine. Je me décidai à aller me coucher, ainsi que Magnien, et nous nous retirâmes chez Gérard, où nous avons couché. J'appris le soir par Magnien et Gérard que ce sergent, nommé Delzaive, était celui déjà renvoyé de Colmar pour soupçon, et qu'en outre le même homme avait été instruit le premier de la conspiration, et que dans un état d'ivresse il avait dit à Gérard ce qu'il connaissait en partie de ce fameux complot, ce que Gérard ayant appris s'empressa de le communiquer à son colonel. Il est à observer que l'aveu fait à Gérard par ce sergent n'a été fait que 15 à 16 jours après qu'il en a eu connaissance, il a ensuite fait le reproche à Gérard, et me l'a dit à moi aussi, qu'on avait manqué de le faire fusiller en découvrant à son colonel cette conspiration, ce qui prouverait assez que l'intention de cet homme n'était pas qu'on le sache; il a aussi fait menace que, si son colonel l'empêchait de communiquer avec Caron, il découvrirait notre conduite.

Le 25, dès que je fus levé, nous étions ensemble, Gérard, Magnien et moi, dans sa chambre; on vint frapper à la porte, et un soldat d'infanterie demanda si Gérard n'était pas chez lui; il répondit lui-même en lui demandant ce qu'il voulait. — Je viens de la part du sergent Delzaive, vous prier de passer chez le colonel pour le prier de le faire sortir de la salle de police, où on l'avait mis pour avoir manqué à l'exercice. Il est à observer, que voilà une bien grande imprudence; car si ce même soldat n'est point une bête, qu'aura-t-il pensé de voir un maréchal des logis de cavalerie solliciter d'un colonel d'infanterie la mise en liberté d'un soldat de son régiment qu'il a lui-même puni? Toutes ces gaucheries de la part de cet homme m'ont forcé de parler à M. le lieutenant colonel de cavalerie de cet homme. Il a parfaitement approuvé mes craintes et m'a promis d'en référer à M. le colonel d'infanterie qui dans la journée fit avertir ce sous-officier qu'il lui défendait de quitter la ville, ce qui m'a été dit par le sergent. Trouvant que cette mesure pourrait forcer ce sergent à faire quelques sottises en nous dénonçant, j'eus l'honneur de voir M. le colonel d'infanterie, qui approuva aussi mes craintes et me dit: Tâchez de trouver ce sous-officier, et pour aujourd'hui seulement, dites-lui pour ne point laisser de soupçons au régiment, d'aller à l'exercice à l'heure indiquée, et à l'avenir il pourra se rendre à vos réunions.

Je m'acquittai de cette commission et à 5 heures environ nous partîmes de Brisac pour nous rendre au rendez-vous. Arrivés tous les trois, Magnien et moi, au village situé près de la forêt, nous mangeâmes une salade à l'auberge à l'étoile. Gérard plaça son bonnet sur la porte d'entrée pour servir d'avertissement; nous terminâmes notre soupé, lorsque Caron passa devant la porte, sur la route, à cheval. Gérard sortit un instant et rentra, en nous disant: achevons et rendons nous au lieu indiqué. Nous partîmes, et comme j'avais besoin de tabac à priser, j'entrai avec mes deux camarades dans une boutique; en sortant de cette maison nous apperçûmes Caron sur la porte de l'auberge que nous venions de quitter. Nous passâmes tout droit, feignant de ne point le voir, et au sortir du village, Gérard resta en arrière pour l'attendre, tandis que moi et le sergent continuâmes à marcher, en nous dirigeant sur la forêt. En nous retournant de moment en moment, nous vîmes Gérard parlant avec Caron à la hauteur du second pont, nous étant encore retournés nous n'apperçûmes que Gérard tout seul qui nous appela; nous retournâmes vers lui, et il nous dit que Caron avait passé à gauche dans un sentier couvert d'arbres, et qu'il nous y attendait; nous nous empressâmes de nous y rendre. Arrivés vers lui, nous le trouvâmes couché sur l'herbe, à notre approche il se leva et s'approcha de nous avec beaucoup de politesse. Il s'adressa d'abord au sergent Magnien, en lui demandant s'il avait trouvé moyen de se procurer l'empreinte de la clef de la prison. Le sergent lui répondit qu'ayant communiqué cela au maréchal des logis Thiers, ce dernier lui avait conseillé de n'en rien faire, en lui observant qu'il n'était pas prudent, que sans être de service à la prison, un sous-officier d'élite s'approche de la prison et aille appuyer sa main sur la porte, ce qui le mettrait dans le cas d'être arrêté, et alors, adieu toutes nos espérances. Le colonel Caron me fît des complimens sur ma prudence et me dit qu'effectivement il avait réfléchi à cela, mais qu'il n'avait pu voir le sergent pour lui communiquer ses nouveaux projets. Il m'adressa alors la parole, en me disant: Monsieur Thiers, Gérard vous a, sans doute, instruit de nos projets, puis-je compter sur vous et sur votre escadron? Je répondis que je me ferais fort de gagner des sous-officiers de mon régiment, et quant au soldat, il pouvait compter sur moi. Je lui demandai alors quel serait le jour fixé pour cette opération ? il me répondit : il faut mettre cela à Dimanche, parce que Gérard m'annonce, qu'il craint l'arrivée de son colonel, ce qui pourrait nuire à son projet. Je répondis que cette époque était bien rapprochée ; mais, qu'au surplus, je verrais à m'y préparer. Il me demanda si je voyais possibilité de m'emparer du commandement de l'escadron. Voici, lui ai-je dit, ce qu'il y aurait à faire : Dimanche, l'escadron passe la revue à cheval du colonel, on pourrait parvenir à le faire monter à cheval après cette revue, en prétextant une revue du harnachement. Il trouva cet expédient excellent et me dit : voyez, Messieurs, vous savez la récompense promise : dans la nuit de l'exécution, cinquante Louis à chaque sous-officier pour s'équiper en officier, et ensuite la croix. Vous ne pouvez douter que l'enlèvement des prisonniers opéré, nous ne pouvons faire autrement de réussir au changement du Gouvernement, surtout nous autres, la cavalerie placée sur la route de Bâle, attendant l'infanterie qui doit exécuter le coup de main à la prison, et devant nous amener les prisonniers, aidée par les gens de la ville qui sont nombreux, nous dirigeant vers les montagnes des Vôges, que je connais comme ma poche, ce qui nous rend cette position avantageuse. Au reste, je vous assure que si nous parvenons à dépasser quinze jours, sans être détruits, le Gouvernement est culbuté ; car le mouvement s'exécutera sur plusieurs points de la France, et alors, Messieurs, je vous laisse penser, quel sera le nombre de récompenses qui vont pleuvoir sur vous. Lui ayant demandé, sans chercher à connaître les membres principaux de notre association, si cependant nous pouvions compter sur des récompenses, il répondit : mon cher, nous avons à notre tête des généraux, et surtout des hommes qui ont de l'argent ; ainsi, au cas de non réussite, il ne nous manquera aucun moyen de fuir, démarche que nous ne ferions qu'à la dernière extrémité, et je vous jure, que je serai à votre tête, et il vaut mieux nous faire exterminer que de céder un instant; je vous donnerai l'exemple.

J'ai ensuite observé au colonel Caron qu'il avait eu tort de faire confidence au sergent Delzaive, vû que cet homme était sujet à se griser et, pour cette raison, devenait dangereux pour nous. A ce rapport, il se tourna vers Gérard, et lui dit : annoncez-lui, je vous prie, qu'il fasse attention à lui, car il doit se rappeler de ce qui est arrivé à celui qui fût poignardé pour avoir trahi son parti; je connaissais l'homme assassiné et l'assassin, et même, qu'il prenne garde, car moi-même je le ferais assassiner. Gérard lui dit : Colonel, je vous promets qu'au premier mot lâché, c'est moi qui lui brûlerai la cervelle, sur quoi le colonel répondit : non, le pistolet fait du bruit, un bon poignard n'en fait point. Je me rappelle effectivement que dans une de nos entrevues, cet homme me parlait d'une étoile blanche au firmament et quelque autre chose de semblable, ce qui me prouverait qu'il est un peu fou. Il changea alors de conversation et nous dit, quant à l'empreinte de la clef, il n'est pas inutile de la prendre, mais outre cela nous avons quelqu'un en ville qui nous procurera la clef. Quant au coup de main de la prison, il faut faire attention; car les deux barrières qui existent dans l'intérieur en rendent l'exécution un peu difficile; mais voici ce qu'il y aurait à faire : maître de la première porte, on peut avec une hache facilement enfoncer une de ces barrières; mais d'après ce que m'ont dit les prisonniers, les guichetiers ont reçu l'ordre au moindre mouvement de leur part de jeter la clef par la fenêtre, ce qui nous gênerait (chose que je n'ai pas bien compris). Ensuite il nous dit que la porte à ouvrir n'avait point de verrou par derrière, et n'avait qu'une mauvaise serrure. Je vous promets, dit-il, que je suis bien instruit. J'ai resté assez longtems en prison pour la connaître. Un seul article me chagrine, c'est l'officier de garde; qu'en ferons-nous? ma foi, s'il n'y a pas moyen de l'attirer ailleurs, un coup de poignard sera le meilleur moyen de l'empêcher de nous nuire dans nos projets. Ne voyant dans mes traits aucune altération, il me fit compliment de mon sang-froid. Il me demanda ensuite si je connaissais un trompette de gendarmerie décoré? Je lui répondis que non; alors il me dit: je le crois des nôtres; car, dans le tems où j'étais détenu, il me portait mes lettres en ville à une personne de laquelle il me remettait ponctuellement les réponses. Au reste, je le vois souvent promener ou boire avec un sous-officier de votre régiment. Tâchez de le sonder, vous me ferez plaisir. Il dit à Gérard: il faut que nous nous voyions demain. Gérard lui répondit: demain matin. Non, répondit-il, parce qu'un jeune homme qui partira d'un endroit pour m'apporter de l'argent ne peut arriver que vers huit heures. Mais partez de Brisac de manière à vous rendre à cinq heures et demie ou six heures (je ne me rappèle pas précisement l'heure), à l'entrée de la forêt où je me trouverai. Quant à vous, Monsieur Thiers, il faut également nous voir demain à neuf heures et un quart, derrière la promenade dans le sentier, au bout de la promenade à gauche.

Je lui répétai encore une fois: mais, mon colonel, observez bien qu'exposant mon existence et celle de mon épouse pour servir votre cause, je voudrais que vous m'assuriez l'apperçu d'une existence plus agréable que celle que j'ai maintenant. Mon Dieu! mon cher, parlez, demandez, je suis prêt à souscrire à tout ce que vous me demanderez. Au reste, nous nous reverrons. Après avoir promis de nous revoir le lendemain aux heures convenues, nous nous sommes séparés. Il a resté dans la place où il était jusqu'à ce qu'il ait vu repasser Gérard avec sa voiture, et moi et le sergent sommes revenus en ville, où je me suis empressé de faire mon rapport à mon capitaine.

J'ai l'honneur d'être avec un profond respect, mon capitaine, votre très-humble subordonné.

Thiers.

2 *

Colmar, le 27 Juin 1822.

Mon Capitaine,

D'après le rendez-vous donné par le colonel Caron, hier, je me suis rendu au lieu désigné, et où je ne l'ai point trouvé. Il n'y est venu qu'une demi-heure plus tard, c'est-à-dire, à neuf heures et demie. Dès qu'il m'a apperçu, il m'a présenté sa main en me disant: pardon, de m'avoir fait attendre, et m'a donné pour motif que Gérard l'avait tenu plus longtems qu'il ne l'aurait cru à la forêt, mais enfin nous avions encore assez de tems pour converser.

Il me dit d'abord, qu'il ne concevait pas encore bien le mouvement de l'infanterie, et qu'il serait bien aise de voir le sergent Magnien et un autre que Gérard doit lui amener dans la journée de Vendredi au village nommé Markolsheim, sur la route du Rhin, où nous devons tous nous trouver à trois heures et demie de l'après-dîner; il m'a annoncé ensuite qu'il avait changé d'idée, et qu'il trouvait que l'enlèvement des prisonniers donnerait trop de travail, et que c'était trop entreprendre à la fois, qu'il convenait mieux de nous assurer la troupe, et alors les prisonniers ne seraient pas difficiles à mettre en liberté.

Je lui demandai alors quelle était son intention et ce qu'il ferait de la troupe une fois gagnée. Voici sa réponse: vous continuerez à suivre le plan de demander à votre capitaine à passer une revue du harnachement, et tous vos chevaux sellés et bridés, profiter de ce moment dans un jour de la semaine; car je prévois que le Dimanche, ce serait un peu difficile; faire monter vos hommes à cheval, et sous pré-texte de les présenter à l'inspection de votre capitaine, les mener sur le champ de Mars, et de là, au lieu de vous arrêter, filer de suite sur la route de Rouffac où, d'après l'heure que nous conviendrons, Gérard doit se trouver avec son monde, devant partir de Brisac avant votre mouve-ment; là, réunis, je me trouverai de mon côté avec les personnes nécessaires et nous marcherons de suite sur En-sisheim, où la gendarmerie est bonne, où le brigadier est à moi (j'observe qu'il m'a répété cela plusieures fois). Quant aux gendarmes, l'argent finira par lever un reste de scrupule, nous enleverons en même tems le détachement de garde aux prisons (il ne m'a point parlé des prisonniers, malgré ma question à ce sujet). Si les officiers qui le commandent essaient résistance, nous nous en déferons, de là, nous continuerons notre marche vers Huningue, où il n'y aura, à ce qu'il paraît, qu'un escadron, duquel nous nous rendrons maîtres sans coup férir, en les attaquant la nuit dans leur caserne. Ce coup de main fait, notre troupe sera grossie par les gens que je connais et qui, quoique n'étant pas en activité, n'en vaudront pas moins, nous rétrograderons sur Colmar, où nous n'aurons à craindre que ce qui restera de votre régiment ; mes partisans de la ville, dans ce cas, nous seront d'une grande utilité, et nous mettront à même de faire l'enlèvement des prisonniers sans difficulté. Quant aux troupes de Strasbourg, si d'ici là je ne puis m'en attacher, j'en retarderai toujours le départ en faisant garder la route pour arrêter toute ordonnance sortant de Colmar ou de Brisac. L'enlèvement opéré, notre retraite sur les Vôges nous assure la tranquillité et surtout une augmentation de monde. Je connais les habitans de ces contrées.

J'avais oublié de vous dire que, quant aux gendarmes de Colmar, il les aurait aussi la veille de l'exécution, il enverrait son épouse chez celle du trompette des gendarmes avec une lettre qui sera communiquée aux autres gendarmes, où l'argent, les promesses et enfin l'assurance d'un avancement superbe forcerait les gendarmes à le suivre.

Lui ayant demandé, si Madame son épouse connaissait celle du trompette, sa réponse fût : oui, c'est sa couturière, elle est souvent avec elle.

Il me dit ensuite : j'ai envoyé un exprès à l'ordre supérieur, j'attendais sa réponse aujourd'hui, elle n'est point venue, ce qui me décide, d'après vos observations à renvoyer notre exécution une semaine plus loin ; demain, sans doute, cela arrivera, je vous en rendrai compte après-demain au rendez-vous. Je lui observai ensuite qu'il avait

à réfléchir avant d'exécuter, car si pour trop de précipitation, il nous faisait manquer notre coup, ce n'était point
ici comme à la guerre, où une retraite bien exécutée vous
laisse encore l'honneur et la vie; mais point du tout, ici,
il n'y a que la mort infamante à entrevoir, ou une longue
captivité et être en horreur à un parti excessivement nombreux.
Il me répondit: tranquillisez-vous, comme vous, je tiens à
réussir, mais j'en suis si persuadé que je considère la chose
comme faite. Vous m'aviez parlé dans un tems, c'est-à-
dire, à notre première entrevue, d'un maréchal de logis-chef
des lanciers, et d'un maréchal des logis de votre escadron
qui, vous croyez, ne sont point éloignés de la chose, et
surtout un sortant du 4.e hussards. Je répondis : ce que je
vous dis est pure vérité, si vous voulez je les mènerai avec
moi à notre prochain rendez-vous, en prétextant une permission pour aller voir des amis. Il m'a répondu : pas encore ; trop de monde réuni donnerait l'éveil ; me fiant à vous,
cherchez à en augmenter le nombre, et un ou deux jours
avant l'affaire nous pourrons les réunir aux environs de la
ville, et là, je ferai ce que je dois. En attendant, comme
il n'est pas juste que vous fassiez la guerre à vos frais,
voilà 50 francs, c'est peu de chose, mais pour le moment
ils vous serviront à payer les voitures, demain ma réponse
me mettra à même d'en faire autrement. J'ai pris les 50
francs, ils sont entre mes mains. Je lui demandai alors,
comment il ferait pour les cartouches? il me répondit:
Gérard a été chargé de cela, et je vous assure que tout cela
ira bien. Comme l'heure de rentrer au quartier était passée,
je lui annonçai qu'avant-hier j'avais failli être puni pour
être arrivé trop tard; mais que, quant à ce soir, j'avais
obtenu une permission jusqu'à onze heures, sous un prétexte assez plausible, mais que cependant j'allais rentrer.
Alors il me dit: oui, évitons surtout d'être vus ensemble;
car si le préfet recevait le rapport de cela, nous éprouve-
rions quelques désagrémens. Il me toucha la main, en me
répétant une formule de serment, et m'annonçant qu'il
voudrait en avoir seulement dix comme moi (ce qui serait

à désirer pour le maintien de l'ordre). Je le quittai alors, et il me renouvella, tout en s'éloignant, de ne point manquer à notre réunion.

Voilà, mon capitaine, ce qui s'est passé dans mon entrevue avec le sieur Caron le 26 Juin, à neuf heures du soir dans le petit sentier derrière la promenade du champ de Mars.

J'ai l'honneur d'être avec un profond respect votre très-humble et très-obéissant serviteur

Thiers.

Colmar 28 *Juin* 1822.

Mon Capitaine,

Dans mon dernier rapport je vous faisais mention d'un dernier rendez-vous que M. Thiers et Gérard avoient eu avec le lieutenant colonel Caron. Il leur en assigna un autre auquel je fus présent. Ce fut à Markolsheim près le Rhin qu'eut lieu notre entretien. L'heure du rendez-vous était à 4 heures. Le sieur Thiers et moi arrivâmes les premiers, le colonel Caron peu de tems après et ensuite Gérard. Après toutes les raisons combattues pour et contre une certaine réussite, il fut décidé que mardi prochain 2 Juillet l'affaire aurait lieu.

Il est convenu aussi que moi Magnien porterai d'avance sur la route de Rouffac son habit et son sabre. C'est le sieur Thiers qui lui fournira les boutons pour remplacer sur son habit ceux qu'il a à la fleur de lis.

Son but en arrivant sur Colmar avec les deux escadrons de chasseurs est d'employer la vive force en se présentant aux portes avec un drapeau tricolore et aux cris de vive l'empereur! Il est persuadé de la réussite de ce projet, nous alléguant pour raison que ses affidés dans la ville nous donneraient assez d'occupation pour les contenir. Nous lui marquâmes notre inquiétude sur ce qu'il ne nous avait fait encore voir aucun des personnages qui doivent se trouver à notre tête le jour de l'exécution. Il nous répondit que nous ne les verrions qu'au moment d'arriver à Colmar, ces personnages étant de trop haute qualité pour être cités dans une conspiration qui peut échouer d'un moment à l'autre, nous citant par exemple celle de 1819 qui manqua par le trop de connaissance que l'on avait eue des principaux instigateurs. Il nous cita seulement MM. Brue, ancien officier en résidence à Colmar, fils d'un général assassiné, Lacombe, impliqué dans l'affaire de 1819, et Manoury sur lequel il nous dit peu de choses, disant que nous saurions le connaitre. Il nous parla aussi de M. Max, officier retiré qui se trouvera le jour même pour délivrer les fonds ; il compte principalement sur ce dernier pour les avoir.

Ce colonel Caron voulant nous donner une idée certaine de réussite, nous dit qu'au moment de l'exécution il écrirait à notre général, M. le baron de Rambourgt qui ne manquerait pas de venir se joindre avec lui. Il eut même la témérité de mettre au nombre de ses affidés plusieurs généraux de Strasbourg, (qu'il ne nous cita pas) qu'il nous assura être déjà prévenus de cette affaire. La porte de la prison N.º 1. qui vient d'être murée lui a donné de forts soupçons contre moi ; il n'en fut dépersuadé que par les sermens qui nous liaient et que nous jurâmes de nouveau de conserver.

Nous lui parlâmes de ce que nous aurions à faire en cas de non réussite au moment de l'exécution. Il répondit que nous partirions en Suisse jusqu'à ce que de nouveaux troubles nous ramènent en France.

Recevez, mon Capitaine, l'assurance sincère de mon dévouement à vous rendre compte de tout ce qui pourrait attenter à changer les bons principes que j'ai reçus de vous.

Votre subordonné

Magnien,

Sergent de voltigeurs 2.e bataillon 46.e de ligne.

Rapport du maréchal des logis GÉRARD.

Neufbrisach, le 29 Juin 1822.

Le maréchal des logis Gérard se rendit hier, 28, à Mar-kolsheim sur la route de Sélestat vers les 4 heures de l'après-midi. Il y rencontra le sieur Caron qui lui avait donné rendez-vous, de même qu'à Thiers et Magnien qui s'y trouvèrent aussi.

Il fut suivi sur l'avis de Thiers, que l'expédition serait remise à mardi, 2 Juillet, ne pouvant absolument pas, dit ce sous-officier, rien faire avant ce jour-là.

Caron n'avait pas les fonds qu'il avait promis, il ne pourra les donner que lundi, veille de l'affaire. Chaque sous-officier doit recevoir vingt-cinq louis. Gérard insista beaucoup pour ne plus retarder, parce que de jour en jour il attendait le colonel Courtier dont la surveillance le gênérait beaucoup : il était d'ailleurs presque sûr d'être surveillé par le lieutenant colonel Jolly qui avait remarqué ses fréquentes absences et le lui avait dit. Mais Thiers l'ayant touché avec le pied, il comprit le signe et n'insista plus.

Le rendez-vous de lundi, pour convenir des dispositions à prendre de l'heure et du lieu précis de la réunion, doit avoir lieu vers le milieu de la forêt, à gauche d'une petite croix qui se trouve près de la route de Brisac à Colmar. Tous les sous-officiers du complot devront s'y trouver entre 7 et 8 heures du matin.

Gérard n'ayant pu entretenir Thiers avant de voir Caron, parvint à lui parler après la séparation des conjurés. Il apprit de Thiers que ce sous-officier avait reçu des instructions de son colonel pour remettre l'expédition à mardi 2 Juillet. Ils convinrent qu'après les instructions qu'ils recevraient lundi de Caron, ils rendraient compte à leurs capitaines respectifs de ce qui aurait été convenu et qu'ensuite Gérard se rendrait le soir même à Colmar pour pouvoir bien s'entendre avec Thiers. Les deux maréchaux des logis avaient d'abord projeté d'arrêter Caron dans le cas où il ne leur remettrait pas les fonds lundi, et s'il voulait encore retarder l'expédition ; mais ils ne voulurent rien décider avant *d'avoir reçu les instructions de leurs colonels.*

Neuf-Brisac, le 29 Juin 1822.   Le capitaine,
                                                   H. de Nicol,

―――――

Colmar le 29 Juin 1822.

Mon capitaine, dans mon dernier rapport j'annonçais un rendez-vous avec le colonel Caron au village de Markolsheim, situé près du Rhin et à quatre lieues de Colmar. Ce rendez-vous a eu lieu hier 28 à 4 heures après midi. Je partis de Colmar accompagné du sergent Magnien, habillé en bourgeois, sur un char-à-banc loué dans une maison située presqu'en face de l'hôtel des deux clefs. Arrivés à Markolsheim nous demandâmes à manger ; étant à table, l'horloge du village nous annonce qu'il est 4 heures. Au même instant le colonel Caron paraît dans la cour monté sur un cheval courte-queue. Il mit pied à terre et vint nous trouver à la table où nous étions, fit apporter ce qu'il désirait augmenter à notre diner. A l'instant où ses ordres venaient de s'exécuter, arrive le maréchal des logis Gérard sur un char-à-banc conduit par un jeune homme de Brisac qui nous a parfaitement tous vus. Aussitôt descendu, il se joignit à nous et la conversation devint générale sur des motifs étrangers à l'objet qui nous attirait dans ce village.

Le sieur Caron changea le premier la conversation en disant à Magnien : Mon cher ami, j'ignore, d'où vient la mesure prise par l'autorité en faisant murer la porte de la prison qui pour nous devenait d'un grand point étant celle la plus facile à enfoncer : y aurait-il eu quelques aveux, auriez-vous commis quelque imprudence ? (J'observe que n'importe, qui a ordonné cette mesure ; mais elle est totalement contraire à nos projets). Le sergent Magnien répondit à M. Caron qu'il était sur le point de l'instruire sur cette circonstance au moment où il l'avait lui-même annoncée; voyant que le colonel Caron ne paraissait pas convaincu de l'innocence de Magnien, je pris la parole et observai à Caron que dans une association comme la nôtre où chacun de nous jouait le même rôle sans distinction de grade, il ne fallait point par un jugement trop précipité inspirer de la méfiance sur un de nous; mais que je n'appercevais dans cette affaire qu'une mesure de sureté prise par l'autorité et non l'effet d'un aveu. Je parvins à le persuader, mais non sans peine, de notre sincérité qui, quoique illusoire, aurait besoin de ne point éprouver la contrariété des mesures trop précipitées prises sans doute par M. le Maire; et je vous assure, mon capitaine, que si malgré toutes les peines que nous pouvons nous donner, notre entreprise n'était pas couronnée d'un succès parfait, je ne pourrais en accuser que celui qui par défaut de confiance en nous ou peut-être un zèle trop ardent, prend des mesures trop précipitées et qui ne tendent qu'à faire connaître que les aveux qui nous sont faits ne sont que des avis qui leur sont transmis sur le champ. Autre inconséquence, le nommé Caron entrait librement à la prison pour y voir le colonel Pailhès ; sa permission portant de midi à 1 heure et il s'y était présenté jusqu'à ce jour à 10, à 9 heures; on l'avait toujours laissé entrer. Hier seulement le secrétaire de cette prison lui observa qu'il ne pouvait entrer qu'à l'heure indiquée sur ladite permission : ce qui étonna Caron. Il se retira et retourna à l'heure fixée. Arrivé auprès de Pailhès, ce dernier lui dit : Mon cher Caron, je croyais te voir amener ici aujourd'hui, car je crains que tu ne sois trahi ; les mesures prises dans cette maison en faisant murer la porte dont nous avons parlé, m'ont inspiré des craintes que je crois fondées ; (mais ce qui me tranquillise, c'est que je crois avoir réussi à éloigner les soupçons de Caron).

Je demandai ensuite à Caron, si définitivement nous fixions le jour de notre affaire. Il me répondit que cela dépendait de nous, que lui était toujours prêt; mais que cependant il voudrait bien que ce soit un dimanche, afin de mettre Gérard à même d'exécuter son mouvement. Je répondis que c'était impossible, et lui donnai sur le champ les motifs qui m'en empêchaient, motifs qui l'ont convaincu et l'ont forcé de dire à Gérard : Voyez, cherchez si dans la semaine vous ne pourriez. Gérard après mille entraves qu'il faisait naître à plaisir et un signe d'intelligence fait par moi, trouva cependant un expédient pour opérer sa sortie mardi: Alors le colonel Caron nous dit : Messieurs rappelez-vous que nous ne serons pas seuls (il s'arrêta). Fâché de cette circonspection et ayant intention d'en savoir d'avantage, je lui observai que je voyais avec peine que la méfiance existait dans notre société, que liés par le même serment, partageant le même péril, nous devions à-peu-près connaitre quelle serait l'issue de notre affaire.

Il répondit alors; Mon cher Thiers, je sais que vous seriez bien aise de connaître les principales têtes de mon entreprise, mais un serment inviolable me défend de les nommer. Vous les connaitrez, mais lorsque l'étendard tricolore flottera dans nos rangs. — Je lui observai de suite que plein de confiance en lui, je ne demandais pas cela, mais cependant devant fournir le plus de monde, placé sur les lieux et occupant le grade le plus élevé parmi mes camarades, grade qui inspire plus de confiance envers le soldat, je méritais cependant, si non toute la confiance en fait de révélation, mais du moins une partie. C'est alors qu'il me dit: Pour prouver que je ne suis pas seul, voici ceux que nous trouverons à cheval à Habsheim, les nommés Manouri, Lacombe et Brue. Ce dernier est fils d'un général assassiné et tous ont trempé dans les dernières conspirations de 1819 ou de Belfort- Il nous dit en outre: que le nommé Marcon de Colmar et Martz, ancien officier de dragons était aussi des nôtres. Il ajouta, ce qui est fort naturel dans sa position, pour nous inspirer de la confiance, que notre brave général Rambourgt faisait partie des révoltés ou du moins les commanderait. Cet avis m'ayant indigné, je ne fus pas maitre de moi et lui observai que ce qu'il nous annonçait, paraissait bien difficile. Il me dit, je vais vous donner une preuve de ce que j'avance : Dans un tems une dame me chargea de dire à l'épouse du général Rambourgt : je vous préviens que s'il meurt un seul des prisonniers détenus à Colmar, la ville se soulèvera et M. Rambourgt commandera les insurgés. (J'avoue qu'il m'a été impossible de rien concevoir dans cette sortie de sa part, et je ne vois pas quel a été le but où cette dame voulait en venir.)

Il s'adressa ensuite au sergent Magnien et lui dit : Vous mon cher ami, voici ce que vous avez à faire : Ne voulant opérer mon mouvement qu'avec de la cavalerie, il faut rester dans la ville, afin de nous faire des partisans parmi vos camarades, afin qu'à notre retour sur Colmar, vous puissiez au besoin paralyser le feu de l'infanterie sur nous. Ainsi il a été bien convenu que l'infanterie ne bougerait point. Quant à Gérard et moi, les projets sont les mêmes que j'ai annoncés dans mon dernier rapport. Je dois demander la permission à mon capitaine de passer la revue du harnachement, l'heure qu'il indiquera sera celle de l'exécution de son infernal projet.

Pressé ensuite par moi pour les moyens pécuniaires à pouvoir gagner le soldat ou du moins le faire boire, il m'observa qu'il ne fallait rien donner d'avance : mais que quant à nous les sous-officiers, il me demandait si pour lundi 50 louis nous pourraient suffire. Voulant paraître désintéressé, je lui répondis que pour nous, persuadés de la sincérité de ses promesses, nous n'avions pour le moment besoin de rien, mais seulement il nous fallait de l'argent pour nos soldats en cas de nécessité. Il a donc été convenu que lundi entre sept et huit heures du matin, nous nous réunirions dans la forêt sur la route de Brisac. Nous devons entrer dans la forêt par le sentier qui se trouve derrière la première croix que l'on voit sur la droite et que là il nous remettrait des fonds, et que nous fixerions l'heure indiquée par mon capitaine.

J'avais oublié de dire que j'avais offert pour associé à notre affaire le maréchal des logis Macaire, vaguemestre du régiment, détenteur des clefs du magasin où étaient les cartouches à balles destinées au régiment. Enchanté de cette nouvelle il me dit alors : Vous aurez tout ce qu'il vous faut ; Gérard n'aura à porter que pour lui et son détachement.

Il est convenu aussi que le sergent Magnien ne devant point bouger avec sa troupe, se chargerait de porter l'habit uniforme du colonel Caron hors la ville, sur la route de Rouffac, où il trouverait le colonel qui y serait arrivé après avoir passé devant la caserne, à cheval, vêtu encore en bourgeois ; ayant ensuite changé de tenue, il doit se mettre à notre tête et me montrer un gué à la petite rivière qui sépare la route de Bâle avec celle de Rouffac, où il me conduira, afin de faire jonction avec Gérard.

J'observe en outre qu'il m'a prié de lui donner vingt-sept boutons ronds pour mettre sur son habit, ceux qui y sont étant à l'empreinte de la fleur de lis, emblème que je m'empresse de lui faire quitter, étant indigne de le porter. Cette conversation étant finie, les principaux points arrêtés, nous nous sommes séparés. Je partis avec Gérard et Magnien, et le colonel resta à l'auberge, où il paya toute la dépense et nous laissa éloigner. M'étant arrêté avec Gérard sur la route pour causer, le colonel ayant pris une autre route, nous devança sans doute et nous le trouvâmes à cheval sur le pont de Horbourg : il rentrait à Colmar.

Voilà, mon Capitaine, ce qui s'est passé dans cette entrevue.

J'ai l'honneur d'être avec un profond respect,

Votre très-humble et très-obéissant serviteur.

Signé : *Thiers.*

P. S. J'avais omis de dire que Caron avait répondu à Gérard qui lui annonçait que son colonel devait rentrer mardi : »Tant mieux ! nous le rencontrerons et alors je volerai au devant de lui, en lui présentant mes épaulettes et lui disant : Colonel, à vous le commandement! et je suis votre lieutenant colonel; je connais Courtier; il acceptera avec empressement. «

— —

Colmar 1.er Juillet 1822.

Mon Capitaine,

D'après ce que je vous annonçais dans mon dernier rapport, j'avais un rendez-vous avec le colonel Caron à la forêt entre Brisac et Colmar à 7 heures et demie du matin. Je m'y rendis avec le sergent Magnien, le maréchal des logis Zerlaut et le maréchal des logis Robin, ces deux derniers ayant été choisis par M. le colonel pour m'assister dans l'arrestation du nommé Caron. Ils se portèrent en conséquence dans un taillis voisin du lieu du rendez-vous, attendant le signal convenu, pour leur introduction auprès de Caron, ayant reçu des instructions de mon colonel par la voie de Zerlaut. Il me fut enjoint de n'opérer l'arrestation qu'au cas que ledit Caron n'exécutât pas sa promesse de donner de l'argent ou qu'il parût éloigner le jour de l'exécution; mais comme il ne remit point d'argent et comme il parut néanmoins toujours décidé à mardi pour le départ de mon escadron, je crus bien faire de me contenter d'essayer seulement de lui présenter Zerlaut et Robin comme des affidés. Il me répondit : C'est inutile, il suffit que je les voie à cheval demain; trop de monde réuni pourrait donner des soupçons; je me gardai bien alors de les faire paraître, bien convaincu que lui-même, Caron aurait eu quelques soupçons, ce qui aurait nui à tous nos projets.

Il fut convenu, comme dans mon dernier rapport, que Gérard sortirait de Brisac avec un escadron à 5 heures et demie du soir, que moi je partirais de Colmar à 5 heures et me dirigerais sur la route de Rouffac jusqu'à la montée où je trouverais le colonel Caron qui m'y attendrait; il fut convenu en outre que le sergent Magnien serait chargé de prendre l'habit du colonel et de le porter jusqu'à cette montée pour le lui donner, afin de s'en revêtir et paraître devant la troupe en uniforme. Comme je cherchais à le tranquilliser du côté de l'argent, je lui annonçais de ne point arrêter notre projet pour si peu de chose, que Gérard et moi avions quelques petits fonds vers nous et qui joints à ce qu'il pourrait se procurer, nous suffiraient pour attendre; or d'après ce qu'il nous jura de nouveau, un millier de louis devait être mis à sa disposition. Nous parvinmes à le convaincre, et il fut décidé que le soir du même jour il verrait Gérard à 6 heures du soir à l'entrée de la forêt du côté de Brisac, et moi et Magnien à 9 heures derrière la promenade et là il nous remettrait l'argent qu'il pourrait se procurer de Colmar. Il nous prêta de nouveau serment, en exigea de nous que nous lui fîmes.

J'avais omis de dire qu'il allait s'en aller le plutôt possible pour voir son ancien avocat de Paris dans ce moment, dit-il, à la prison auprès du colonel Pailhés; c'est lui qui doit partir pour prévenir quelqu'un que le mouvement aura lieu demain.

Il remonta ensuite à cheval et partit au grand trot. Nous nous empressâmes de rappeler Zerlaut et Robin qui, impatiens de se signaler en fesant une bonne action, ont été fâchés que les ordres que j'ai reçus, les en ont empêchés; mais c'est ce qui peut s'appeler, reculer pour mieux sauter. Etant fatigués et mouillés, nous nous sommes décidés à nous rendre au village qui se trouve hors la forêt près de Brisac où nous savions que des officiers du 6.e chasseurs devaient se trouver pour protéger notre escorte en cas d'arrestation. Ayant communiqué au capitaine Nicol ce qui s'était passé à notre entrevue, il me chargea d'une lettre pour le général Rambourgt, et je laissai tous les sous-officiers au village, afin que si l'arrestation du nommé Caron avoit lieu le soir au rendez-vous de Gérard, ils soient tout portés. Ayant reçu des ordres à mon arrivée à Colmar, j'attendis le rendez-vous de 9 heures du soir où je me rendis avec le sergent Magnien. Où étant arrivé, je trouvai le nommé

Caron qui me dit: Ne soyons pas longs dans notre entretien, les choses sont décidées, comme nous avons dit hier. L'ayant questionné, si notre marche se dirigeait sur Ensisheim, il me répondit: Non, cette prison est gardée par de l'infanterie et il est inutile de faire le coup de fusil pour n'avoir aucun résultat heureux. Je le questionnai sur les prisonniers; il me répondit: Fi donc, délivrer des scélérats, et d'ailleurs point d'armes! Seulement il parut avoir quelque crainte, me disant: Je sais que le directeur de cette maison vient de recevoir l'ordre de faire enceindre sa prison d'un mur afin d'éviter l'incursion des partisans qui se forment dans les Vosges. Je lui observai alors qu'il ne nous convenait nullement de nous mêler de cette affaire. Il répondit: Ce n'est point mon intention. Je lui dis ensuite: Et des fonds, vous en êtes-vous procuré? Il me répondit: Voilà toujours 100 francs pour vous et 50 francs pour Magnien qui doit rester en ville comme espion et doit se tenir à la dernière auberge à droite sur la route de Rouffac pour y recevoir ses émissaires qu'il reconnaîtra par le signal de porter sa main droite sur le côté gauche et doit leur communiquer ce qui se passe en ville ensuite. Il doit aussi communiquer avec son épouse. Toutes les instructions données, il mena le sergent Magnien chez lui, auquel il remit son sabre, son habit, son casque qui fut porté dans ma chambre à la caserne, jusqu'au lendemain matin où le sergent Magnien doit venir les chercher pour les porter au lieu indiqué, excepté le sabre qu'il est convenu que je porterai. Ce dernier article exécuté, je me rendis chez le général pour lui rendre compte de mon entrevue. Voilà, mon capitaine, ce qui s'est passé dans mes entrevues avec le colonel Caron le 1.er Juillet; j'espère que ce sera la dernière de ce genre.

J'ai l'honneur d'être, mon Capitaine,
Votre très-humble et très-obéissant serviteur.
Signé: *Thiers.*

Mon Capitaine,

Dans le dernier rapport que je vous adressai, il fut question d'un rendez-vous pour lundi 1.er Juillet avec le sieur Caron, lieutenant colonel. Cet entretien reçut son objet à 8 heures. Le dénommé ci-dessus y arriva. Il fut mention dans cet entretien de poursuivre les démarches qne l'on avait faites jusqu'alors pour soudoyer les escadrons. La réponse déterminative que firent les sieurs Thiers et Gérard, de la nécessité de leur projet, engagea le sieur Caron à ne rien reculer. Il est donc et fut décidé que demain 2 courant à 5 heures et demie du soir, l'escadron du 6.e prendra sa marche par les villages de Walsheim et de Maienheim (que j'inscrivis sur mon schakos) pour de là se rendre à Absheim, lieu de rendez-vous. C'est à 6 heures que doit se faire la sortie du 1.er chasseurs, que je devancerai pour remettre au lieutenant colonel Caron son uniforme et son sabre, dont je suis porteur depuis hier soir. Arrivé au lieu de son travestissement il doit me remettre son habit bourgeois et moi le jeter, si je le juge à propos, dans les vignes. J'indiquerai à ma séparation d'avec le sieur Caron la route qu'il aura prise, afin d'en prévenir le sieur Thiers qui le suivra de près. Je serai porteur de ses habits bourgeois et vous les remettrai pour en disposer selon qu'il vous conviendra. Ne pouvant le suivre dans cette occasion, je resterai à Colmar hors la porte de Rouffac, dernière auberge à droite, de 8 à 10 heures, et de midi à 4. afin d'instruire les affidés de Caron qui ne se présenteront à moi, qu'au mot et signe de ralliement qu'ils me feront, des démarches qu'il aura à tenir pour sa réussite. Il me parla d'un avocat arrivé depuis peu de jours de Paris, qui doit être possesseur de fonds à délivrer et que cet argent ne serait donné que sur le terrain à raison de la défiance qu'avaient les principaux instigateurs de cette affaire. Il persista toujours dans la déclaration de M. Max qui lui proposa l'argent utile dans cette occasion, et qui ne doit se montrer que dans le moment de l'affaire. Ils doivent revenir sur Colmar au cri de vive l'empereur! et sont persuadés que je ne ferai aucun feu sur eux, ayant engagé d'avance des sous-officiers et caporaux du bataillon; il me parla d'un nommé Diskan, gendarme à cheval, qui doit être de son parti, et me chargea de lui parler.

Son abord hier était inquiet et d'après le refus qu'il avait fait d'exécuter l'affaire pour Mardi, jour désigné, il fut convenu que ce serait ce jour même. Les sieurs Zerlaut et Robin étaient dans le bois à nous attendre pour le signal convenu pour les prendre. Il me remit hier soir 50 francs et 100 francs à Thiers, avec promesse d'or étant à cheval. Son intention est, étant travesti, de se faire reconnaître chef et désigner Thiers, commandant l'escadron. Il m'a engagé à voir sa femme et lui rendre compte de ce qui se passera. Si dans le cas, les prisonniers de Béfort partaient pour Strasbourg, il faudrait que j'en prévienne son affidé Rogér (écuyer du manège de la ville), qui le préviendrait sur le champ.

Je ne crois rien avoir de plus à déclarer; à mon retour de son rendez-vous, je vous rendrai compte de ce qui aura été dit pour ma correspondance à suivre avec lui.

Recevez, mon capitaine, l'assurance du respect de votre subordonné

Colmar le 1. Juillet.

Signé: Magnien,
sergent.

Mon Capitaine,

Dans le dernier rapport que je vous adressai, il etait convenu que l'affaire aurait lieu le Mardi 2 Juillet; en conséquence le Lundi premier à dix heures et demie du soir à la suite d'un rendez-vous avec le sieur Caron, je le suivis, me laissant précéder de quelques pas, jusque chez lui, où sa femme me remit le paquet contenant son uniforme et son casque. Ce fût M. Caron qui descendit le sabre et le porta jusqu'au détour de la rue, où il me le remit: depuis ce moment je n'eus pas d'autre rendez-vous avec lui. Le Mardi 2 à trois heures et demie j'allai chercher chez le sieur Thiers l'uniforme que je lui avais déposé, lui-même se chargeant de lui remettre son sabre. Je pris le chemin de Rouffac où à une lieue de cette porte, je rencontrai le sieur Caron à pied (son cheval était dans une auberge qui se trouve isolée et à main droite en sortant de Colmar). Il me dit, qu'il ne tarderait pas à me rejoindre; qu'il venait d'examiner un pont (le premier qui se trouve à la sortie de la ville), où je pourrais déposer dans un trou qui s'y trouve, les lettres que je lui adresserai, craignant que les personnes qui viendraient à l'auberge convenue antérieurement pour nos rendez-vous ne fussent soupçonnées et arrêtées. Il me recommanda aussi de boucher avec une pierre l'ouverture dans laquelle j'aurais mis mes rapports. Nous nous quittâmes et il me rejoignit dans une heure au rendez-vous.

J'entrai dans une auberge d'où il sortait, on me parla de lui et on me demanda, si ce n'était pas mon colonel, qu'il venait souvent dans cette maison et qu'il paraissait connaître quelqu'un de Rouffac. A cinq heures j'allai dans les vignes qui se trouvent près d'un chemin qui conduit à un village; cet endroit se trouve sur une hauteur d'où l'on distingue presqu'en entier la route de Colmar. Le colonel Caron arriva peu de tems après moi, me parla qu'il espérait bientôt revenir sur Colmar et que dans le cas contraire il me ferait passer des fonds pour le rejoindre. Il changea alors de vêtemens, prit ceux que je lui avais apportés, et m'engagea à toujours bien contenir mes voltigeurs dans le même esprit. Il me dit aussi de jeter ses effets dans les vignes; je lui observai que je les porterais chez sa femme, aussitôt mon arrivée à Colmar. Il me dit de n'y aller que le lendemain, parce qu'elle me remettrait 200 à 300 francs qu'il devait lui envoyer dans la nuit. L'escadron du 1.er chasseurs arriva, précédé du fourrier Carré. M. Caron m'envoya voir qui c'était. Le fourrier me reconnut bien, quoique je fusse revêtu des effets du colonel qu'il m'avait forcé de prendre, craignant, disait-il, que les chasseurs en me voyant en uniforme ne m'assassinassent. A l'arrivée de l'escadron il parut, le sieur Thiers lui remit son sabre. Il harangua alors les chasseurs et termina aux cris de vive l'Empereur, les fit jurer par ce même cri et les mit ensuite en marche.

Je rentrai de suite en ville où je trouvai M. le Préfet, qui fit déposer les effets dont j'étais porteur dans le corps de garde de l'officier. J'allai le mercredi 3 à sept heures du matin chez M.ᵉ Caron qui me dit n'avoir pas reçu d'argent, et me remit seulement un petit calepin en blanc pour remettre à son mari. Elle m'engagea à revenir chez elle à huit heures du soir pour toucher l'argent qu'elle me dit ne pas manquer de recevoir.

Depuis ce moment, mon capitaine, je n'ai eu aucun rendez-vous avec M. Caron et son épouse, et je crois ne plus rien avoir à déclarer.

Recevez l'assurance de respect de votre subordonné

Signé: *Magnien*,
sergent des voltigeurs.

Colmar le 3 Juillet 1822.

Battenheim le 3 Juillet à 2 heures du matin.
Mon Colonel,

Notre course ne s'est bornée que jusqu'à Battenheim. Dans ce dernier village Caron n'ayant eu aucune nouvelle de ses affidés, a paru hésiter sur ce qu'il devait faire. Il a fait commander un char-à-banc pour aller, disait-il, chercher de l'argent et son monde; mais la crainte seule et l'espoir d'une fuite précipitée dirigeait son entreprise; nous nous sommes décidés alors de concert avec M. Borel et le capitaine Nicol à exécuter de suite l'arrestation de l'individu, malgré que tous ceux que nous espérions arrêter n'étaient pas là; mais le moment était pressant. Caron est lié et garroté avec un nommé Roger, écuyer de Colmar et son domestique. Nous partirons au jour naissant. Vous pouvez, mon colonel, prendre alors les dispositions convenables. M. Borel est chargé du porte-feuille de Caron et moi de ses cartes.

J'ai l'honneur d'être avec un profond respect, mon colonel, votre très-humble serviteur.

Signé: Aupècle.

Rapport à M. le chevalier Jolly, lieutenant-colonel, commandant le régiment de chasseurs à cheval de la Charente.

Mon Colonel,

J'ai l'honneur de vous rendre compte qu'en exécution de vos ordres, m'étant travesti hier et mis dans les rangs en simple chasseur, avec MM. les officiers de l'escadron, qui devait se joindre en apparence à l'insurgé Caron, Lieutenant-colonel de cavalerie en retraite, nous partîmes de Neuf-Brisac à cinq heures un quart du soir, sous le commandement des sous-officiers commandés à cet effet.

Après une demi-heure de marche, nous trouvâmes près de Weckelsheim le domestique du nommé Roger, écuyer de Colmar, lequel ne parut pas encore : ce domestique nous conduisit à un quart de lieue, là il nous quitta avec le maréchal des logis Gérard pour aller retrouver son maître, qui était dans la forêt : nous profitâmes de cet instant pour instruire les hommes du motif de notre départ de Neuf-Brisac. Nous les trouvâmes pleins de zèle et animés du meilleur esprit. Le maréchal des logis Gérard étant de retour, nous continuâmes notre marche sur Dessenheim, le domestique à la tête de la colonne, et Roger à la queue; nous laissâmes une arrière-garde, comme si nous avions conçu de vives inquiétudes sur le reste de la garnison de Brisac. Roger parfaitement rassuré par notre attitude nous conduisit par Rustenhard à Mayenheim, où nous attendîmes environ vingt minutes l'escadron de l'Allier à la tête duquel se trouvait le sieur Caron. Il déboucha bientôt de ce village en tenue de Lieutenant-colonel de dragons. Après avoir fait former son escadron, il s'avança vers nous et nous harangua en ces termes: Braves soldats du 6.ᵉ régiment, vous avez juré d'obéir à vos sous-officiers. Les militaires français n'ont jamais manqué à leur serment. Je suis envoyé par l'Empereur pour vous commander, j'espère que nous le servirons avec zèle. Vive l'Empereur! ce cri fût répété, ainsi qu'il en était convenu: on fît mettre pied à terre. Le maréchal de logis, Darantière, adressa aux chasseurs du régiment les paroles suivantes: Le colonel Caron ne veut pas que les chasseurs travaillent sans avoir du profit; il promet à chaque homme trois francs par jour, à dater de ce moment; mais il ordonne que tout ce qui sera pris chez l'habitant soit exactement payé. Les cris de vive l'Empereur recommencèrent et on y ajouta ceux de vive le colonel Caron. On fît porter du fourrage pour les chevaux, du pain et du vin pour les chasseurs qui furent très sobres; on se remit en route, se dirigeant sur Ensisheim. D'après les ordres reçus, nous refusâmes d'y entrer. A l'entrée de la ville, Caron voyant qu'on s'obstinait à ne pas vouloir y entrer, fît prendre à travers champs, pour tourner la ville à gauche. Pendant ce tems le maréchal des logis Gérard, avec son ordonnance (le capitaine de Nicol) entra dans cette ville: L'infanterie y était sous les armes, ce capitaine se fît reconnaître par le capitaine Lafont, sans que la vigilance de celui-ci en diminuât. De retour, le maréchal des logis Gérard vint dire au colonel Caron que l'infanterie était pour nous, et que nous aurions les prisonniers quand nous voudrions: Néanmoins nous ne voulûmes pas y entrer, nous défiant en apparence des bonnes intentions de cette infanterie; Caron, qui jusqu'ici avait été dans une sécurité parfaite conçut de vives inquiétudes. Il se plaignit d'être un peu serré par les sous-officiers, qui avaient reçu nos ordres pour ne pas perdre de vue un seul instant ni Caron ni Roger, afin d'observer toutes leurs démarches. Ces sous-officiers s'éloignèrent un peu, Caron profita de cet instant pour aller parler bas à

Roger. On n'entendit pas ce qu'il lui dit; mais un instant après il se plaignit de ce que l'argent n'arrivait pas. Il dit, qu'arrivé au premier village (Battenheim) il se mettrait en bourgeois, et qu'accompagné de Roger il irait chercher des fonds. Un peloton d'escorte lui fût proposé, il le refusa, après des instances réitérées, il consentit à se faire accompagner par deux sous - officiers. Nous jugeâmes cette escorte trop faible, nous résolûmes de l'arrêter, convaincus que nous ne trouverions aucun de ses complices à Battenheim.

Arrivés à ce village vers les deux heures du matin nous le laissâmes entrer chez le maire. Au moment où il s'occupait de faire préparer les logemens, qu'il comptait disséminer, on le saisit en lui déclarant qu'il était prisonnier. Après une légère résistance, il fût garotté ainsi que ses deux complices. Nous le fouillâmes, nous lui enlevâmes ses papiers qui ne renfermaient rien d'important à notre connaissance. Il en fût de même de ceux de Roger. Nous fimes distribuer les logemens destinés à faire rafraichir les hommes et les chevaux. J'expédiai sur Habsheim, les maréchaux des logis-chef Thiers et Darantière et le maréchal des logis Gérard, avec ordre de dire au nom de Caron qu'il attendait son monde à Battenheim, la fatigue des chevaux l'ayant obligé à s'arrêter. Nous pensions qu'ils seraient de retour à quatre heures et demie, et j'écrivis en conséquence à Monsieur le général de Rambourgt que nous partirions à cette heure. Ne les voyant pas arriver à cinq heures, nous nous mîmes en marche, laissant pour les attendre un détachement composé d'un maréchal des logis, d'un brigadier et de dix chasseurs des deux régimens. Nous prîmes une voiture sur laquelle nous fîmes monter nos prisonniers. Arrivés à un quart de lieue d'Ensisheim, j'expédiai un maréchal de logis à Monsieur le capitaine Lafont pour le prévenir du résultat de notre expédition. Le capitaine me fit remercier, néanmoins, croyant que c'était une ruse, il réunit sa compagnie dans l'intention de tirer sur nous, si nous entrions en ville, chose que nous apprîmes par un gendarme, qui vint nous reconnaître après notre passage. Nous continuâmes notre route, et après avoir dépassé le village de Mayenheim, nous rencontrâmes un escadron du 1.ᵉʳ de chasseurs, commandé par M.ʳ le chef d'escadron Bourgeoli, et nous opérâmes notre jonction. Une demi-lieue plus loin, nous rencontrâmes un escadron qui se joignit également à nous, plus loin nous fûmes joints par la gendarmerie qui se chargea de la garde des prisonniers. Nous entrâmes dans Colmar aux cris de vive le Roi, au milieu d'un grand concours de monde.

En quittant Battenheim, je laissai le commandement du détachement à MM. d'Hauterive et Claverie, et M.ʳ d'Argence les avait dévancés pour instruire M.ʳ le lieutenant-colonel Jolly du résultat de notre expédition, et je fûs avec M.ʳ Dupuy à Colmar pour rendre le même compte à M. le général Rambourgt. M. Dupuy que j'avais chargé du sabre et des papiers de Caron, ainsi que des papiers de Roger les remit à notre arrivée à M. le général.

Le maréchal des logis Gérard que j'avais détaché à Habsheim nous joignit à Colmar : toutes les recherches fûrent inutiles, si non à prouver les bonnes intentions de M. le Maire du lieu, et les bonnes dispositions qu'il allait prendre pour faire arrêter quiconque ferait mine de vouloir se joindre à Caron. Ces dispositions, au reste, sont aussi inutiles là, qu'ailleurs où tout le monde est resté parfaitement tranquille, paraissant beaucoup plus surpris qu'enchanté de cette révolte apparente.

A Mayenheim seulement, le particulier qui a livré le fourrage et le vin, est entré très-chaudement dans les projets de Caron. Nous lui avons entendu tenir des propos que nous avons cru devoir rapporter à M. le procureur général qui a de suite lancé un mandat d'arrêt qui doit être mis en exécution dans ce moment.

Je ne saurais trop faire l'éloge de la conduite du détachement. Chacun a fait de son mieux pour obtenir un résultat satisfaisant de nos démarches.

MM. les officiers ont prouvé de toutes les manières qu'il

était impossible de confier en de meilleures mains une pareille expédition : La prudence, l'aplomb et la justesse dans le jugement se sont particulièrement fait remarquer dans M. le lieutenant Dupuy, qui s'est montré dans cette circonstance un officier de cavalerie légère fort instruit : on ne saurait également trouver plus de vigilance, de fermeté et d'intelligence que chez M. le lieutenant d'Argence. MM. d'Hauterive, lieutenant, et Claverie, sous-lieutenant se sont conduits en officiers aussi distingués que dévoués.

La conduite des sous-officiers a été parfaite, ils ont tous rivalisé de zèle et de dévouement dans cette circonstance. M. le maréchal des logis Gérard qui avait le commandement apparent, s'en est acquitté avec beaucoup d'aplomb et d'intelligence, il a été parfaitement secondé par les maréchaux des logis-chefs Bertrand, Lagès et Darantière, et par les maréchaux des logis Henri, Bonnotte, Sarveau Milliary et Bariolade. L'empressement du maréchal des logis-chef Bertrand à faire partie, sans avoir été désigné pour cela, d'une expédition dans laquelle il pensait qu'on pouvait montrer son dévouement au Roi, n'a fait que me convaincre davantage de ses bons principes. Quant aux chasseurs, leur bonne conduite a été au delà de toute espérance. Je n'ai jamais commandé à des militaires plus sobres, plus discrets et mieux disciplinés. Habillé comme eux en soldat, j'ai pu me convaincre de leur respect et de leur amitié pour leurs chefs, surtout de leur dévouement pour la cause sacrée du Roi, qui s'est montré dans cette circonstance de la manière la plus éclatante.

Je dois pourtant avouer qu'au milieu de cet enthousiasme j'ai remarqué plus particulièrement les nommés Richard du 1.er escadron, Marigny du 2.e, Mariotte et Demon du 3.e et Bastien, Duron et Noel du 4.e

Neuf-Brisac le 3 Juillet 1822.

Le capitaine commandant le détachement:

H. de Nicol.

Colmar ce 3 Juillet 1822.

Mon Colonel,

Nous avons l'honneur de vous rendre compte que, d'après vos ordres, nous nous sommes réunis à l'escadron commandé par le maréchal des logis-chef Thiers, sous le costume et l'armement de simple chasseur, afin d'observer plus particulièrement ce qui devait se passer pendant la marche de cet escadron à son lieu de rendez-vous. Au départ du quartier nous nous sommes portés rapidement sur la route de Rouffac et sur la hauteur en avant de Hattstadt, nous avons rencontré le S.ʳ Caron, lieutenant-colonel en non-activité, revêtu de son uniforme de dragon, avec les insignes de son grade et décoré de la croix d'officier de la légion d'honneur. Ce lieutenant-colonel a reçu nos chasseurs aux cris de vive etc. l'escadron s'est formé à gauche en bataille. Immédiatement après le S.ʳ Caron en a pris le commandement et a harangué la troupe à peu près en ces termes : Chasseurs, je suis envoyé pour vous commander par ordre de l'empereur, à compter de ce jour il vous sera fait une paie de trois francs par jour, avec laquelle vous solderez vos vivres dans tous les villages, où vous serez obligés de passer. Vous observerez de respecter l'habitant et ses propriétés. Chasseurs, je vous jure de vous suivre jusqu'à la mort et de périr à votre tête; jurez aussi de me suivre partout, où je vous conduirai pour le bien du service de S. M. l'empereur. Vive l'empereur! Ce cri a été répété dans l'escadron par tous ceux qui avaient bien saisi les instructions que vous leur aviez données à leur départ de Colmar, et par tous les autres, au signal que nous leur en avons fait. Ensuite il a commandé par deux au trot, et nous a conduit jusqu'à Rouffac, que nous avons traversé au pas dans le plus grand silence, sans que les habitans aient montré le moindre signe d'approbation ni d'improbation.

Au sortir de Rouffach, le S.ʳ Caron a remis sa troupe au trot jusqu'à Mayenheim, où l'escadron a fait sa jonction avec celui du 6.ᵉ chasseurs, qui avait été conduit à ce premier rendez-vous par un nommé Roger, écuyer de Colmar, qui était accompagné de son palfrenier. Ces deux escadrons réunis, le Sr Caron a harangué aussi le 6.e chasseurs dans les mêmes termes, il a fait distribuer des fourrages aux chevaux et des rafraîchissemens aux hommes, qu'il a payés de suite au moyen de 80 francs, qu'il a tirés de sa poche, 20 francs que lui a avancés le maréchal des logis-chef Thiers, et le restant le maréchal des logis Gérard du 6.e chasseurs.

Pendant ce rafraîchissement, nous avons cherché les moyens d'obtenir quelques renseignemens sur les projets ultérieurs du S. Caron, et dans l'obscurité de la nuit nous nous sommes approchés assez près de lui pour être instruits que son projet était de marcher sur Ensisheim, malgré les observations que lui faisait le maréchal des logis-chef Thiers d'éviter cette direction; il n'en a tenu aucun compte, car arrivé à trois cens pas de la ville le S. Caron a été arrêté dans sa marche par la présence sous les armes du détachement du 46.e régiment de ligne qui se disposait à lui refuser le passage Il fit appuyer à gauche et passa dans les champs, afin d'éviter un engagement qui serait devenu indispensable. Nous avons de plus observé que, malgré les représentations réitérées du maréchal des logis-chef Thiers, il cherchait toujours à se rapprocher de cette ville. Nous devons vous observer, mon colonel, que depuis ce moment le sieur Caron a eu des soupçons sur les hommes composant le détachement, et sur leur dévouement à sa personne; mais voyant l'impossibilité où il était de s'évader, il a continué sa route sur Battenheim, faisant observer aux sous-officiers qu'ils s'approchaient trop près de lui et de se retirer plus au large, qu'il espérait que la marche du lendemain serait plus régulière, et que les sous-officiers marcheraient à leur place dans la marche; qu'il voulait revenir le lendemain matin sur Ensisheim avec quelque infanterie qu'il espérait trouver au rendez-vous général. Mais bien résolus de nous opposer à l'exécution de cette mesure, à notre arrivée à Battenheim nous nous sommes occupés de son arrestation, ce qui a été décidé entre nous et les officiers du 6.ᵉ chasseurs ; et cela sur la demande que faisait Caron d'un char-à-banc pour aller chercher des fonds qui lui étaient nécessaires, menaçant de faire piller la maison de l'individu qui devait remettre ces fonds, s'il ne les fournissait de suite. Nous entrâmes donc dans l'appartement où il était occupé à faire les logemens des escadrons, et les armes à la main nous le sommâmes de nous remettre les siennes, en lui annonçant qu'il était notre prisonnier. Le sieur Caron voulut résister ; ainsi que le sieur Roger, son compagnon d'armes, et le cri de Chasseurs à moi ! qu'il prononça, fût l'instant de sa défaite.

Les sous-officiers des deux corps entrèrent et s'emparèrent de lui et de ses deux complices.

Tous les sous-officiers et chasseurs se sont conduits avec le plus grand zèle et une intelligence étonnante, ils ont parfaitement saisi les instructions que vous leur aviez données en partant, et ayant du vin à discrétion, aucun n'en a pris plus qu'il n'en fallait.

Nous nous plaisons à rendre justice à la conduite bien soutenue du maréchal des logis-chef Thiers, du maréchal des logis-chef Zerlaut et des maréchaux des logis Robin et Macaire ; nous laissons à MM. les officiers du 6.ᵉ chasseurs le soin de rendre la même justice aux hommes qu'ils commandaient.

Après l'arrestation du sieur Caron le maréchal des logis-chef Thiers se porta avec d'autres sous-officiers vers Habsheim qui avait été indiqué comme le rendez-vous des partisans de Caron ; mais ils n'y trouvèrent personne, ce qui prouvait qu'ils avaient eu l'éveil, ou qu'ils avaient jugé l'entreprise trop dangereuse : c'était à Habsheim que le sieur Caron disait devoir trouver les fonds nécessaires pour son expédition.

Le maréchal des logis-chef Thiers avait pour instruction en se rendant à Habsheim, de persuader aux personnes qu'il y aurait trouvées de se rendre à Battenheim, où Caron les attendait, sa troupe étant trop fatiguée pour aller plus loin.

Voilà, mon colonel, les renseignemens que nous avons été à même de recueillir depuis le moment de notre départ de Colmar jusqu'à celui de notre retour.

Nous avons l'honneur d'être avec respect, mon colonel, vos très-humbles subordonnés

Borel de la Rivière,   *Aupecle,*

lieutenant.   sous-lieutenant.

Audience du 19 Septembre.

A huit heures du matin, les deux accusés sont extraits de leur prison et conduits au local occupé par le conseil de guerre; ils marchent à pied entre une haie de gendarmes; ils ont les fers aux mains. Le lieutenant-colonel Caron est décoré de la croix d'officier de la légion d'honneur; ils ont tous deux une contenance assurée. Plusieurs sergens de ville précèdent l'escorte, afin de faire ranger la foule qui se presse sur leur passage.

Les accusés sont introduits sans fers dans la salle des séances du conseil à neuf heures; des gendarmes gardent les diverses issues. M. le Président annonce l'ouverture de l'audience. Le nombre des spectateurs est toujours de vingt-une personnes, dont dix officiers de la garnison qui occupent leurs places de la veille; cette fois M. Mathieu, procureur du Roi est placé à côté d'eux.

M. le Président demande aux deux accusés leurs noms, professions, qualités et dernier domicile.

Le premier a répondu se nommer Caron (Augustin-Joseph), lieutenant-colonel en retraite, demeurant à Colmar.

Le second a répondu se nommer Roger (Frédéric-Dieudonné), écuyer, demeurant à Colmar.

Cette formalité remplie, M.ᵉ Liechtenberger, défenseur de l'accusé Caron, prend des conclusions tendant à ce que le conseil se déclare sans pouvoir pour juger et, subsidiairement, incompétent. Il motive ces conclusions : 1.° sur ce que les conseils de guerre ont dû cesser d'exister à la paix, d'après la Loi même qui les constituait; 2.º sur la qualité des accusés, qui ne sont point militaires; 3.º sur ce que l'existence légale des conseils de guerre, fût-elle reconnue, le crime d'embauchage ne seraient plus dans leurs attributions. (Il paraît que les défenseurs n'ont point voulu anticiper sur la question de fait, en discutant eu quatrième point préjudiciel qui aurait pu résulter de la fausse qualification du crime, si, en effet, il n'y a pas eu embauchage, ainsi que l'a soutenu M. Odillon-Barrot devant la cour de cassation).

M.ᵉ Liechtenberger discute les deux premiers moyens.

M. Marchand, défenseur de l'accusé Roger, développe le troisième.

M. le capitaine rapporteur replique par la lecture de l'arrêt de la cour de cassation. Les défenseurs répètent que cet arrêt ne lie point le conseil, et ils citent, pour appui, plusieurs exemples marquans.

Après cinq minutes de délibération, le conseil déclare qu'il passe outre aux débats.

Afin de procéder à l'interrogatoire des deux accusés et séparément, on fait sortir le colonel Caron. L'accusé Roger reste seul présent, et M. le Président l'interroge en ces termes :

D. Depuis quand connaissez-vous l'accusé Caron?

R. Depuis plus de deux ans. J'étais percepteur des contributions à Biesheim. M. Caron devait être chef d'une nouvelle compagnie d'assurance contre les incendies, et il vint un jour chez moi pour me proposer la recette du canton de Brisac et d'Ensisheim. Je n'étais pas chez moi quand il arriva; ma femme le retint à dîner. A mon retour je refusai, mais les instances de ma femme me firent accepter. Cependant cette compagnie n'a pas eu lieu; mais c'est à cette occasion que j'ai connu le colonel Caron.

D. Depuis quand connaissez-vous le sergent Delzaive du 46.ᵉ de ligne?

R. Dans le mois de Février ou de Mars dernier (je ne m'en rappelle pas), M. de Ferrière, lieutenant, et M. Mercier, sous-lieutenant à ce régiment, qui prenaient des leçons d'équitation à mon manége, me parlèrent d'un sergent de leur corps, nommé Delzaive, qui avait travaillé pendant huit ans chez Franconi et qui désirait faire assaut avec moi, et qu'eux souhaitaient aussi de le voir travailler et même prendre de lui des leçons de voltige. Environ huit jours après il me fût présenté par les deux officiers; mais il ne fit rien. Pendant près de cinq mois il a fréquenté mon manége, presque toujours à l'heure de la leçon des officiers, venant quelquefois deux jours de suite, d'autres fois passant quatre ou cinq jours sans venir; jamais il n'a travaillé dans cet intervalle, et lorsque je le lui proposais, il trouvait toujours un motif pour s'en dispenser. Il y avait bien quinze jours qu'il venait chez moi lorsqu'il commença à se plaindre de son sort; il avait, disait-il, dix à douze ans de service, n'était que sergent et n'avait aucun espoir d'être fait officier, qu'il n'y avait de place que pour des (je n'ose dire le mot) à qui je donnais des leçons; qu'on n'avait point d'égards pour les anciens militaires; qu'ils étaient mal-habillés, ce qu'il disait en me montrant sa capote et son habit tout déchirés. Une fois il me dit que je devrais être aussi mécontent, puisque j'avais perdu ma place. Une autre fois il me demanda si je ne pouvais pas le prendre chez moi pour m'aider dans mon travail lorsqu'il recevrait son congé à la fin de l'année, et je lui répondis que je ne saurais prendre personne, parce que mon manége me donnait tout juste de quoi vivre. Bien des fois il m'avait témoigné le désir de voir le colonel Caron qui avait son cheval en pension chez moi, qui était, disait-il, un si brave homme, dont tout le monde disait du bien; il me demanda à quelle heure il pourrait le voir, soit dans mon manége, soit dans mon écurie, et je lui dis que je n'en savais rien, attendu que le colonel n'avait pas d'heure fixe. Un jour M. Caron étant entré au manége pendant la leçon des officiers, pour savoir à quelle heure je pourrais monter son cheval; Delzaive me demanda si c'était bien là le brave colonel Caron dont on parlait tant. Un jour il me fit dire qu'il était à la salle de police, et qu'il me priait en grâce d'aller le voir, parce qu'il avait quelque chose à me dire; mais je n'y fus pas. Au bout d'une quinzaine de jours il m'écrivit une lettre d'excuses de Neuf-Brisac, de ce qu'il était parti sans me faire ses adieux; il m'annonçait qu'il avait été puni et renvoyé de la garnison de Colmar, pour y avoir fréquenté des bourgeois; il me priait de le voir si j'allais à Brisac, et me promettait de me visiter s'il allait à Colmar.

D. Le 27 Mai, ne fûtes-vous pas envoyé à Brisac par le lieutenant-colonel Caron, pour y voir de sa part Delzaive?

R. Non. Vers cette époque je fus à Brisac pour y conduire dans ma voiture le général Marcognet, qui allait faire ses adieux à ses connaissances avant son départ pour Paris. Nous descendîmes à l'auberge de la montagne noire, où le général me donna rendez-vous à trois heures précises pour repartir, et j'y laissai ma voiture. J'avais quelques affaires chez le notaire Nachbauer; en revenant, j'entrai dans l'auberge du panier fleuri pour y prendre quelque chose, et je m'assis à une table où se trouvaient déjà le perruquier Sourisseau de Colmar et le sommelier du brasseur Meyer. Au moment où je me préparais à sortir, vu que l'heure du départ s'approchait, étant au milieu de la salle, je vis entrer le sergent Delzaive qui me sauta au cou en me disant: mon cher Roger, je suis enchanté de vous rencontrer, il faut absolument que je voie M. Caron, je vous prie de lui demander si tel jour il ne peut pas se trouver entre quatre et cinq heures de l'après-midi dans la forêt, en sortant du côté de Colmar près d'une croix à gauche, j'ai quelque chose de très-intéressant à lui communiquer. Je lui répondis que je remplirais sa commission, et que si on ne lui faisait rien dire, c'était une preuve que le colonel se trouverait au rendez-vous. Alors Delzaive, quoique je voulusse m'en-aller, m'entraîna de force dans une pièce voisine, où étaient assis autour d'une table trois bourgeois que je connaissais seulement de vue, et un sous-officier de chasseurs à qui il me présenta, et qu'il me dit s'appeler Gérard. Celui-ci, après que j'eus bu un ou deux verres de vin, me prit à part dans une chambre voisine et me dit de me méfier de ceux qui étaient avec lui. Je lui dis combien je trouvais extraordinaire un pareil avis de la part d'un homme que je ne connaissais pas, qu'au surplus ce que j'avais à dire, pouvait être dit devant tout le monde; quand je revins avec Gérard dans la pièce où étaient les autres, comme je voulais rendre l'honnêteté que je venais d'en recevoir, je dis à l'aubergiste de m'apporter deux bouteilles de son meilleur vin; ayant été ainsi retenu plus que je ne croyais, j'arrivai tard à l'auberge de la montagne noire, et le général était parti très-mécontent.

D. En entrant avec Delzaive dans la chambre où était Gérard ne frappâtes-vous pas celui-ci sur l'épaule, en disant : voilà une vieille moustache de l'ancienne armée ?

R. Non. Je ne pouvais pas dire cela, puisque j'ignorais s'il était ancien ou nouveau soldat; c'était la première fois que je le voyais.

D. Avant d'entrer ne vous êtes-vous pas enquis de Delzaive qui était ce sous-officier de chasseurs ?

R. Non. Je ne pouvais pas parler d'une personne que je ne voyais pas. Delzaive seul était venu à moi, et j'ignorais s'il était là avec d'autres personnes.

D. Ne fîtes vous pas à ces deux sous-officiers, en particulier, des offres d'avancement de la part du colonel Caron, s'ils voulaient entrer dans une conspiration ?

R. Je ne pouvais pas leur faire d'offres de la part de Caron, qui ne m'a jamais parlé de conspiration.

D. Le Dimanche suivant, deux Juin, entre cinq et six heures du soir, ne dites vous pas à Gérard qui se trouvait de garde, que vous étiez fâché de le voir de service, que le colonel Caron attendait dans le bois, que vous alliez y mener Delzaive, qui l'avertirait du lieu du prochain rendez-vous ?

R. Non. Voilà ce qui s'est passé: Le même jour qui avoit été indiqué par Delzaive, pour le rendez-vous qu'il demandait au colonel Caron, j'eus des affaires qui m'appelaient à Brisac pour voir les témoins du procès que j'ai avec ma femme. Au sortir de chez mon menuisier qui demeure auprès du quartier d'infanterie, je fus accosté par Delzaive qui me dit qu'à l'instant même il partait pour le lieu indiqué, et qu'il aurait désiré que mes affaires fussent terminées pour le prendre dans ma voiture. Je lui dis qu'il me restait encore beaucoup à faire; il m'invita à prendre avec lui un cruchon de bière; nous entrâmes à cet effet dans une petite auberge en face de l'hôpital; ensuite nous nous quittâmes et il se mit en route; environ une heure après je partis moi-même, je rencontrai Delzaive à moitié chemin entre Wolfgantzen et la forêt; il me demanda à monter, et je le conduisis jusqu'à l'endroit où le colonel Caron attendait.

Ici M. le président interroge Roger sur les rendez-vous auxquels il a assisté. Comme la plûpart de ces détails ne seraient qu'une répétition de ce qu'on lira dans l'interrogatoire du colonel Caron, nous les passerons sous silence.

D. Ne fûtes-vous pas chargé par Caron de servir de guide à l'escadron de Brisac?

R. A la dernière entrevue avec les sous-officiers, Gérard s'approcha de moi et me dit qu'il fallait absolument que je fusse le lendemain leur montrer le chemin jusqu'à Mayenheim. Je m'y refusai pour ne pas compromettre ma mère, mon enfant et mes intérêts; alors le colonel Caron écrivit au crayon sur un morceau de papier, que Gérard donna, le nom des quatre villages de Wekolsheim, Dessenheim, Russenhart, Hirtzfeld; mais Gérard dit encore que personne ne savait l'allemand dans les chasseurs, et il voulait absolument que j'y fusse moi-même, en exigeant ma parole d'honneur. Je ne voulus rien promettre et je parlai d'y envoyer quelqu'un qui parlait les deux langues. Le lendemain, dans la matinée, je fus sollicité par le colonel Caron pour servir de guide au détachement, ou au moins d'envoyer l'itinéraire par un de mes domestiques, qui partirait de suite de Colmar à deux heures précises. A deux heures et quart M. Caron vint à mon écurie, me fit de vifs reproches de ce que l'heure était passée, et que je n'étais pas parti. Alors je me décidai à faire seller deux chevaux, un pour moi, un pour mon domestique, et je partis dans le costume que je portais d'ordinaire dans mon manége: un pantalon et petite veste de toile grise.

D. Quel fut le résultat de votre voyage vers Neuf-Brisac avec votre domestique?

R. Nous nous arretâmes à la sortie de la forêt devant le village de Wekolsheim; comme la poussière me fit comprendre que le détachement était en route, j'envoyai mon domestique en lui disant de remettre à Gérard le nom des quatre communes indiquées, que le colonel Caron m'avait donné de sa main, et lui dis, si Gérard demandait après moi, de répondre que mes occupations ne me permettaient pas d'y aller, et que d'ailleurs je n'avais rien à faire avec eux. Au bout d'un quart d'heure je vis venir un homme au galop que je crus être mon domestique et je reconnus bientôt Gérard. A deux cent pas de moi il mit le sabre à la main; je galopai vers lui, lorsque j'arrivai, voyant que j'étais sans armes, puisque je n'avais que ma cravache, il remit son sabre dans le fourreau; il me fit des reproches de ce que j'avais envoyé mon domestique, me pria beaucoup pour me décider à aller avec eux, et je crus même un instant qu'il voulait employer la force. Enfin ne pouvant rien obtenir de moi, il me laissa et rejoignit ses chasseurs à Wekolsheim; moi je retournai sur Colmar, jusqu'au village de Hertenschatz. Là je commençai à concevoir quelques inquiétudes sur les suites que pourraient avoir pour moi l'envoi de mon domestique, si on le retenait au détachement et que la nouvelle en parvînt à Colmar. Je me décidai à prendre un chemin qui conduisait à Dessenheim pour rejoindre le détachement et tacher de ravoir mon domestique. Quand j'arrivai à la colonne, je fus de suite entouré par plusieurs sous-officiers qui me félicitèrent de ce que j'étais venu les rejoindre; je demandai à parler à mon domestique; on me dit que cela ne se pouvait pas, parce qu'il était en avant avec Gérard pour lui montrer le chemin. Alors je pris le parti de marcher sur les derrières, en attendant le moment de trouver mon domestique.

D. Lorsque Gérard fut vous chercher, ne dîtes-vous pas que vous retourniez à Colmar pour chercher l'infanterie?

R. Je ne lui ai point parlé de cela et je ne sais pas comment on a pu le supposer, puisque le sergent Delzaive avait dit que l'infanterie enleverait les prisonniers.

D. L'escadron des chasseurs de la Charente, avec lequel vous vous trouviez, qu'a-t-il fait pendant la route et jusqu'à la jonction avec l'autre escadron, à Meyenheim?

R. Il a traversé en ordre ces deux ou trois communes: les chasseurs chantaient, et voyant que je n'en faisais pas autant, plusieurs d'entre-eux vinrent à moi en me criant: » Allons, Monsieur Roger, soyez donc gai comme nous. « J'étais en effet préoccupé et je cherchais toujours le moyen de m'esquiver avec mon domestique.

D. Combien de villages avez vous traversé avec l'escadron avant d'arriver à Mayenheim?

R. Trois: Dessenheim, Rustenhardt et Hirtzfeld.

D. On n'a donc pas crié vive l'empereur dans les communes? M. le président élevant la voix: je fais cette remarque, parce qu'elle peut servir de réponse à certaines calomnies.

R. Je ne sais ce que l'autre escadron a fait, mais celui avec lequel j'étais, n'a crié vive l'empereur qu'au pont de Mayenheim, où les deux escadrons se sont joints. Cependant avant cette jonction, le maréchal des logis Gérard, commandant l'escadron de la Charente, vint une fois à moi en arrachant sa cocarde blanche avec la ganse; il la jeta dans un champ de pommes de terre, en s'écriant: » comment, j'avais encore conservé cette.... cocarde!

D. Pendant la route de Brisac à Mayenheim, le maréchal des logis-chef Darentière et vous, ne vous entretîntesvous pas de l'esprit public du pays, et surtout de Mülhouse, où il devait y avoir de nombreux ouvriers sur lesquels on pouvait compter?

R. Je ne me rappèle pas d'avoir parlé au sous-officier
Darentière, et je ne pouvais pas dire ce qu'on trouverait
à Mulhouse que je ne connais pas.

D. M. le comte de Puymaigre, préfet du Haut-Rhin, ne
vous avait-il pas engagé, quelque tems avant l'évènement
du 2 Juillet, à rester tranquille; ne vous avait-il même pas
montré de la bienveillance, et comment avez-vous pu ne
pas suivre ses bons conseils?

Ici l'accusé parait affecté; il parle de sa vieille mère, de
son fils. Il entre après dans des détails sur un remboursement que M. le préfet lui avait fait faire, remboursement
qu'il dit devoir en effet à l'intérêt que lui portait M. de
Puymaigre, mais qui se rapportait à la dévastation dont il
avait été victime en 1815. Voulant ensuite prouver qu'il
était seulement chargé de montrer le chemin à l'escadron
sorti de Brisac et qu'il n'avait pas de projets criminels, il
parle de démarches faites, peu de tems auparavant, à Fribourg en Brisgau, dans la vue de s'y fixer et d'y établir un
manège.

D. A votre arrivée à Mayenheim, et pendant la route de
Mayenheim à Battenheim, que se passa-t-il, à votre connaissance particulière?

R. Après la harangue du Colonel Caron, et les cris de
vive l'empereur qui la suivirent, le maréchal des logis chef
Thiers (de l'escadron de l'Allier) me prit à part pour savoir
de moi s'il n'y avait pas des fonds déposés à Mayenheim;
en ajoutant que s'il n'y en avait pas là ou à Battenheim, il
en irait de ma tête: je lui répondis que si le colonel Caron
lui a parlé de fonds, c'était à lui qu'il devait s'adresser. Il
parait qu'il le fit, car après avoir tourné Ensisheim, le Colonel s'approcha une fois de moi en me disant: »quand nous
»serons arrivés à Battenheim, nous prendrons ensemble un
»char à banc pour aller chercher les fonds.« Mais je crois

que ce n'était là qu'une feinte, dans l'espoir de trouver le moyen de nous échapper.

D. Après sa harangue à Mayenheim, l'accusé Caron ne fit-il pas aux sous-officiers et chasseurs, des promesses d'argent et d'avancement?

R. J'étais trop éloigné pour pouvoir l'entendre.

M. le président demande aux juges s'ils ont d'autres questions à adresser à l'accusé Roger. MM. les juges font un signe négatif.

M. le procureur du Roi à l'accusé :

D. A quelle époque précise l'accusé Caron vous a-t-il fait la première proposition de complot?

R. Il ne m'a jamais fait de proposition de complot; je savois seulement qu'il était question de procurer l'évasion des prévenus dans l'affaire de Belfort : si le colonel Caron avait pu me dire qu'il conspirait, je n'aurais pas manqué de repousser ses propositions.

D. Pour quel motif aviez-vous été destitué, dans le tems, de votre place de percepteur?

R. Parce qu'on a prétendu que mes comptes n'étaient pas en ordre et cependant je prouverai que j'étais en avance avec le trésor.

(Sur la demande du procureur du Roi, le greffier du conseil donne lecture d'une lettre de M. le préfet du Haut-Rhin, dans laquelle il est dit, entr'autres choses : »Roger a »été destitué pour avoir eu des relations suspectes avec des »sous-officiers de la légion du Rhône, alors en garnison à »Brisac (on sait, dit M. le procureur du roi, qu'il y a eu dans la légion du Rhône une espèce de conspiration, et que des sous-officiers de cette légion se sont enfuis en passant le Rhin). »Depuis mon arrivée dans le Haut-Rhin, ajoute le »préfet, j'ai vu que Roger n'avait pu être qu'un agent obscur »de conspiration, et je me suis en effet intéressé à lui.«)

On ramène l'accusé Caron, et M. le président procède à son interrogatoire, de la manière suivante :

D. Depuis quand connaissez vous Roger?

R. Depuis 1819.

D. N'avez-vous pas envoyé, le 27 mai dernier, l'accusé Roger chercher le sergent Delzaive à Brisac?

R. Non, monsieur le président.

D. N'avez-vous pas eu le 2 Juin une entrevue avec ce même sergent, dans le bois près d'une croix entre Colmar et Brisac.

R. C'est vers la fin de Mai que j'ai vu Delzaive pour la première fois ; c'était à l'endroit désigné.

D. Quel fut le motif de cette entrevue?

R. Elle fut provoquée par Delzaive, qui ayant trouvé Roger deux jours avant à l'auberge du panier fleuri à Brisac, le pria, sous prétexte qu'il avait des choses importantes à me communiquer, de m'engager à me trouver le surlendemain à 4 heures de l'après-midi, à l'endroit indiqué.

D. Aviez-vous connu auparavant le sergent Delzaive?

R. Jamais.

D. A votre première entrevue, n'excitâtes-vous pas son mécontentement de ce qu'il n'était pas encore officier, après 12 ans de grade de sous-officier?

R. A mon arrivée je demandai à Delzaive, pourquoi depuis plusieurs mois il n'avait cessé de solliciter Roger de lui procurer une entrevue avec moi. Il me répondit par cette question : Connaissez-vous le colonel Pailhès? *) Sur ma réponse affirmative, qu'il était de plus mon intime ami, il me dit : *Il faut les sauver!* Je lui demandai, quels moyens étaient à sa disposition : il me dit qu'il pouvait disposer des deux compagnies d'élite du bataillon qui était à Colmar, et qu'à l'aide de plusieurs sous-officiers de ces compagnies qui pensaient comme lui, entre autres Magnien et Delnor dont l'un se trouverait de garde dans l'intérieur de la prison au jour dit, cet enlèvement serait facile; quant à ses douze années de grade, il m'en parla, mais je ne lui fis aucune réponse.

D. En acceptant la proposition du sergent Delzaive, vous saviez cependant que vous vous rendiez coupable?

----

*) L'un des prévenus dans l'affaire de Belfort.

R. Oui, monsieur le président, je le savais; mais c'était de ma part un acte de dévouement pour mon ami le colonel Pailhès, dont j'espérais sauver la tête; car on savait que M. le préfet du Haut-Rhin avait fait choix d'un jury disposé à répandre du sang.

(M. le président fait ici la remarque que l'événement a prouvé le contraire.)

D. N'avez-vous pas engagé Delzaive à corrompre d'autres sous-officiers?

R. C'est Delzaive qui m'offrit de son propre mouvement le secours du sergent Magnien et d'un autre sous-officier que j'ai su depuis, être le maréchal des logis Gérard.

D. Etait-ce pour la première fois qu'on parlait du maréchal des logis Gérard?

R. Oui, M. le président.

D. A cette même entrevue n'avez-vous pas promis au sergent Delzaive le grade de chef de bataillon?

R. Jamais je n'aurais pu faire à un sergent une semblable promesse.

D. Vous-avez eu encore plusieurs entrevues avez le sergent Delzaive: que se passa-t-il au second rendez-vous?

R. Delzaive me présenta à cette entrevue le maréchal des logis Gérard: Gérard après m'avoir dit: »Colonel, je suis une moustache de l'ancienne armée,« ajouta dans la suite de la conversation, qu'il avait déjà cinq maréchaux des logis et 80 chasseurs dont il était sûr comme de lui même et qui appuyeraient le mouvement. Il se plaignit ensuite de la manière dont les anciens militaires sont traités aujourd'hui; il m'avoua qu'il avait été adjudant-major dans les cent jours; que si celà ne changeait pas bientôt, il finirait par déserter et par aller en Pologne.

D. Dans cette entrevue, Roger ne s'est-il pas plaint de Delzaive?

R. Oui, Roger soupçonnait une indiscrétion commise par Delzaive, parce que c'était quelques jours auparavant que M. le préfet comte de Puymaigre lui avait conseillé de se tenir tranquille et de ne se mêler de rien.

D. N'offrîtes-vous pas, à cette même entrevue, le grade de chef d'escadron au maréchal des logis chef Gérard?

R. Pas plus que je n'avais offert le grade de chef de bataillon au sergent Delzaive.

D. Mais à cette entrevue, n'expliquâtes-vous pas le plan de votre complot, ne dites-vous pas que vous n'étiez pas seul : que vous aviez des généraux et d'autres hommes puissans derrière vous; que l'argent ne manquerait pas; qu'après la délivrance des prévenus dans l'affaire de Belfort, vous vous jeteriez dans les Vosges, où vous espériez faire la boule de neige?

R. Je n'ai jamais conçu un plan si vaste : après la délivrance de mes prisonniers, j'aurais cherché à me sauver seul, soit en me cachant dans les Vôsges, soit en passant le Rhin.

D. Ainsi, vous abandonniez à leur malheureux sort les militaires qui étaient avec vous...? c'est aumoins un bon avertissement que vous donnez là à ceux qui seraient encore tentés de rompre les liens de fidélité qui les attachent à leurs drapeaux.

R. Comme ce n'est pas moi qui les ai recherchés, et que c'est au contraire eux qui se sont offerts à moi, je ne me trouvais pas engagé avec eux. Au reste, je désire moi même que la machination qui m'a amené ici, serve de leçon aux autres militaires.

D. N'avez-vous pas eu encore d'autres rendez-vous?

R. Oui, j'en ai eu encore plusieurs, entr'autres celui où le maréchal des logis-chef Thiers me fut présenté par Gérard. Je dois dire que ce sont eux qui poussaient toujours le plus à l'affaire; j'avais même abandonné mon projet, quand ils vinrent me presser en se plaignant amèrement de mes continuelles remises : au dernier rendez-vous qui eut lieu dans la forêt, Gérard et Thiers, après avoir employé les sollicitations et les menaces même, exigèrent de moi ma parole d'honneur que je persisterais dans mon entreprise. J'ai su depuis qu'ils avaient posté derrière des arbres, deux autres maréchaux des logis, afin de m'arrêter dans le cas où je résisterais à me rendre à leurs sollicitations.

D. N'avez-vous pas donné un jour à Gérard 40 fr. pour faire des cartouches?

R. C'est Gérard lui-même qui s'offrit de faire des cartouches; je ne lui ai donné de l'argent que la veille du 2 Juillet: c'était 139 fr.

D. Le maréchal des logis chef Thiers venant vous prévenir, un jour, que Delzaive n'était pas bien sûr, ne lui répondîtes-vous pas qu'il fallait s'en débarrasser, mais qu'il valait mieux le poignarder que de lui bruler la cervelle, attendu que cela ne fait pas autant de bruit?

R. Un pareil propos ne peut venir que d'un assassin: je suis incapable de l'avoir tenu.

D. N'avez-vous pas aussi fixé une entrevue à Markolsheim, et à cette entrevue n'offrites-vous pas encore de l'argent à Thiers, à Gérard et à Magnien? Ne leur dites-vous pas alors qu'on venait de vous écrire de Paris que si vous pouviez tenir quinze jours dans les Vosges, le gouvernement serait bientôt renversé, et que vous aviez répondu que vous tiendriez au moins deux mois?

R. D'abord le rendez-vous de Markolsheim n'a pas été déterminé par moi, mais bien par Gérard et Thiers; car ce n'est certes pas à cinq lieues de chez moi que j'aurais donné un rendez-vous, quand nous pouvions nous voir à l'aise dans la forêt, à une lieue de Colmar. Ensuite, je n'offris point d'argent: ce sont les sous-officiers qui me pressèrent de leur en donner, ne fût-ce, me disaient-ils, que pour tenir lieu de secours temporaire à leurs femmes. Quant à la lettre de Paris, c'est une fable inventée par ces messieurs. Voici, par exemple, comment je leur parlai, en arrivant au rendez-vous de Markolsheim: »Vous conviendrez, »messieurs, leur dis-je, qu'après avoir lu dans les journaux »les détails de l'arrestation du général Berton, il faut avoir »du front pour oser encore se présenter à un rendez-vous »de ce genre. Je ne vous cache pas, ajoutai-je, que ces »détails m'ont tellement frappé, que pour venir ici j'étais

»sur le point de m'armer de pistolets ; mais j'ai fait la ré-
»flexion que si je pouvais n'avoir affaire qu'à des misérables
»provocateurs, une cravache suffirait.« Thiers reprit aussitôt :
»Colonel, nous ne sommes pas des lâches ; nous sommes
»gens d'honneur.«

C'est dans cette entrevue qu'on parla du jour de l'exécution : Gérard le fixait au dimanche ; Thiers au contraire
voulait que ce fût le mardi, à la suite d'une petite revue
de harnachement.

D. N'avez-vous pas parlé à l'entrevue de Markolsheim,
du général Rambourgt et du colonel Courtier ; n'avez-vous
pas dit aussi qu'au nombre de vos affidés se trouvaient Manoury, Pégulue, Brue et deux autres, qui se tiendraient à
proximité ?

R. Je n'ai jamais prononcé le nom ni du général Rambourgt, ni du colonel Courtier ; je n'ai pas pu non plus
parler des quatre individus que vous venez de nommer,
parce que je savois que depuis trois mois ils étaient en Espagne.

M. le Président. Ah vous le saviez ?

Le Colonel Caron. Oui M. le Président.

D. Ne demandâtes-vous pas à Thiers des boutons bom-
bés, pour remplacer sur votre uniforme, ceux à fleur de lys ?

R. C'est encore Thiers qui me les offrit.

D. Lors de l'arrivée de l'escadron des chasseurs de l'Allier,
à la hauteur de Hattstatt, le maréchal des logis Thiers, en
vous présentant votre sabre, ne vous demanda-t-il pas ce
qu'il fallait faire crier aux chasseurs, et ne répondites-vous
pas : »ils ne savent pas ce que c'est que le cri de vive la
»liberté, il faut leur faire crier vive l'empereur ?«

R. Voici ce qui s'est passé : L'escadron arriva à moi au
grand trot, les chasseurs brandissant leurs sabres et criant
vive l'empereur ! alors Thiers s'avança et me dit : »Colonel,
»je vous remets votre sabre et le commandement de l'escadron,
»au nom de l'empereur. Vous voyez que je vous amène des
»hommes bien décidés.« L'escadron ayant fait halte, je dis
»aux chasseurs : »*c'est donc* au nom de l'empereur que je

»vous commande ; j'ajoutai, qu'ils recevraient 3 fr. de solde
»par jour; mais qu'aussi ils devaient respecter les citoyens
»et les propriétés, et payer tout ce qu'on leur fournirait.«
Comme mon expédition ne devait durer que deux jours,
je pouvais leur faire cette promesse sans avoir besoin d'une
somme considérable : il ne me fallait pour cela que 1200
fr. que j'eusse empruntés quelque part.

D. Depuis la hauteur de Hattstatt, jusqu'à votre arrivée
à Mayenheim, la troupe a-t-elle encore crié vive l'empereur?

R. C'est moi-même qui ai défendu les cris de vive l'empereur dans les communes. Car en passant Rouffach, Thiers
me demanda s'il fallait faire crier et je le défendis positivement. Néanmoins comme l'arrière-garde était fort éloignée,
j'ignore ce qu'elle a pu faire : on m'a même rapporté depuis,
que des cris y avaient été poussés.

D. A votre jonction à Mayenheim avec l'escadron des
chasseurs de la Charente, n'avez-vous pas annoncé aux
sous-officiers réunis en cercle, qu'ils recevraient chacun 50
Louis de gratification ?

R. Non, Gérard a peut-être fait cette promesse en mon
nom, puisque c'est lui qui était le véritable embaucheur.

D. N'ajoutiez-vous pas que l'argent ne manquerait pas;
qu'il fallait combattre jusqu'à la mort, que si le régiment
osait se présenter, on tâcherait d'entrainer les chasseurs,
en écrasant les officiers qui feraient résistance ?

R. Je n'ai jamais tenu un pareil langage.

D. N'avez-vous pas dit aussi, que si vous ne receviez pas
24,000 fr. que vous attendiez, vous iriez faire un emprunt
forcé à Mulhouse ?

R. Oui, j'ai parlé des 24,000 fr. et de l'emprunt forcé
de Mulhouse ; mais tout ceci était pour satisfaire l'impa-
tience de Thiers et de Gérard qui ne cessaient de me tour-
menter pour avoir de l'argent.

M. le président demande à MM. les juges s'ils auraient
d'autres questions à adresser à l'accusé Caron.

Signe négatif.

M. le procureur du roi, à l'accusé Caron.

D. A quelle époque avez-vous fait la première proposition de complot ?

R. J'ai déjà répondu que les premières démarches ont été faites auprès de moi et non pas par moi.

On procède à l'auditoire des témoins.

1.ᵉʳ *Témoin : Delzaive, sergent au 46.ᵉ régiment de ligne.* *)

Il dépose que des officiers de son bataillon en garnison à Colmar prenaient des leçons d'équitation chez l'accusé Roger, et que s'étant trouvé quelquefois au manège avec ces officiers, il eut occasion de faire la connaissance de l'accusé Roger. Rentré au bataillon qui tenait garnison à Brisac, il se trouvait un jour (dans le courant de Mai) à l'auberge du panier fleuri, à boire un verre de vin avec le maréchal des logis chef Gérard et quelques autres individus, quand Roger arriva à la même auberge et il vint dans la pièce où se trouvait le témoin avec ses amis ; on renouvella connaissance, et Roger fit apporter deux bouteilles de vin muscat qu'on but en compagnie. Il engagea bientôt après le témoin à sortir un moment avec lui, et arrivés dans la rue, Roger commença par parler du lieutenant-colonel Caron, que le témoin avait vu une fois au manège à Colmar ; il lui demanda s'il voulait entrer dans une conspiration et lui offrit le grade de chef de bataillon ; ensuite Roger confia au témoin le projet qu'avait conçu cet ancien officier de délivrer les prévenus dans l'affaire de Belfort et de se jeter ensuite dans les Vôsges ; Roger, dit-il, finit par proposer au témoin une entrevue prochaine avec le colonel Caron et lui : l'entrevue eut lieu dans la forêt entre Colmar et Brisac. Là Caron confirma ce que Roger avait dit à l'auberge du panier fleuri ; il engagea le témoin à sonder et à corrompre d'autres sous-officiers, il lui donna 25 fr. et il lui promit le grade de chef de bataillon. (Sur une interpellation que lui fait ici l'accusé Caron, le témoin Delzaive déclare que ce n'est qu'à un sixième rendez-vous qu'il reçut les 25 fr.)

---

*) On remarque une grande altération dans la figure de ce témoin ; M. le président est souvent dans la nécessité de l'inviter à parler plus haut.

Le témoin rendit compte à ses chefs, de la proposition du colonel Caron, et il reçut pour instruction de lui présenter d'autres sous-officiers qui seraient désignés à cet effet; il eut avec Caron encore plusieurs rendez-vous, auxquels il lui présenta successivement le maréchal des logis Gérard et le sergent Magnien. Plus tard il ne prit plus aucune part à l'affaire.

Avec la permission de M. le président, et par son organe, les deux accusés adressent les questions suivantes au témoin Delzaive.

Demandes faites par l'accusé Roger.

D. Dans les visites que fit quelquefois le témoin à mon manège, ne m'avait-il pas témoigné le désir de connaître le colonel Caron, longtems avant la première entrevue qu'il eut avec lui ?

R. Jamais je n'avais demandé après M. Caron.

D. Le témoin ne se plaignit-il pas une fois auprès de moi au manège, que les anciens sous-officiers n'avaient plus d'espoir d'avancement, qu'ils étaient mal habillés etc.

R. Je n'ai jamais eu de conversations sur la politique avec M. Roger.

Ici l'accusé Roger pour prouver l'inexactitude des dépositions du sergent Delzaive, revient sur les détails de l'entrevue au panier fleuri, détails qu'on a lus plus haut dans son interrogatoire.

Le défenseur de l'accusé Roger fait remarquer que d'après la déposition orale faite à cette audience, le témoin dit que c'est dans la rue que Roger lui aurait fait la proposition dont il parle et lui aurait demandé un rendez-vous avec le colonel Caron, et que dans la première déposition écrite, le même témoin n'a point fait mention de cette circonstance ; il y rapporte la confidence de Roger comme lui ayant été faite dans la chambre, ou du moins au moment même où Roger l'aborda, ce qui impliquerait contradiction.

Le témoin Delzaive répond qu'il ne se rappelait plus bien la chose, et répète que c'est dans la rue qu'ils sont allés.

L'accusé Caron adresse ensuite au même témoin (par l'organe de M. le président) les questions suivantes :

D. A quelle époque avez-vous été renvoyé de Colmar à Brisac ?

R. Je ne m'en rappèle pas.

D. Alors, depuis quand étiez-vous à Brisac, lorsque vous vîtes l'accusé Caron pour la première fois ?

R. Je ne sais pas, à-peu-près un mois.

D. Avez-vous rendu compte immédiatement à vos chefs, des prétendues propositions qui vous étaient faites ?

R. Je conviens que je n'ai rendu compte à mes chefs, qu'à la suite d'un second rendez-vous avec l'accusé Caron, lequel rendez-vous eut lieu dans la forêt.

D. N'est-ce pas Gérard, présenté par vous à ce rendez-vous, qui vous força de rendre compte à vos chefs ?

R. Non, Gérard ne m'a pas forcé.

D. Quels moyens avez-vous employé pour connaitre Roger, et dans quel but lui avez-vous parlé de l'accusé Caron ?

(Ici M. le capitaine rapporteur s'élève contre la position de la question qu'il trouve insidieuse ; il fait remarquer ensuite que la série des questions écrites que l'accusé Caron tient dans la main, devrait être déposée sur le bureau du président.)

L'accusé Caron continue de faire lui-même usage de ses notes et repéte la question en d'autres termes:

D. Pourquoi avez-vous demandé à Roger au manège, après le colonel Caron ?

R. Je n'ai pas fait de demande pareille.

D. Pendant que vous étiez de garde aux prisons de Colmar, n'avez vous pas demandé une fois aux prévenus dans l'affaire de Belfort, une lettre pour le colonel Caron ?

R. Jamais.

D. En vous approchant de l'accusé Caron dans la forêt, ne lui demandâtes vous pas s'il connaissait le colonel Pailhès, et sur sa réponse ne repliquâtes vous pas qu'il fallait le sauver ?

R. C'est au contraire l'accusé Caron qui dit qu'il fallait sauver le colonel Pailhès.

D. La première fois que l'accusé Caron vous vit, ne parlâtes vous pas des sergents Magnien et Delnor, sur les-lesquels vous comptiez?

R. Non, mon colonel.

D. Ne vous plaignites vous pas de votre sort, du peu d'avancement des sous-officiers ; ne dites vous pas (en même tems que vous teniez des propos contre le gouvernement) que vous aviez perdu le grade de sergent-major au retour des Bourbons, n'avez vous pas ajouté qu'après l'enlèvement du colonel Pailhès et de ses coaccusés, vous iriez en Espagne ?

R. Non, (sur la demande que lui adresse le président, s'il a en effet été sergent-major au retour du Roi, le témoin répond affirmativement.)

D. A la seconde entrevue n'avez vous pas renouvellé l'offre de procurer l'évasion des prévenus dans l'affaire de Belfort, avec le secours de Magnien et de Delnor?

R. J'ai en effet parlé de Magnien, parce que je savais qu'il était de l'affaire ; mais je crois que c'est à la quatrième entrevue.

D. N'avez vous pas, dans ce rendez-vous, poussé l'attention au point de me faire un siége avec des branches d'arbres sur lesquelles vous avez mis votre capote ployée en quatre ?

R. Je ne m'en rappèle pas, c'est possible ; il faisait chaud.

D. Lorsque vous m'avez présenté Gérard, n'avez vous pas entendu celui-ci offrir à l'accusé Caron le secours de son prévost d'armes, de cinq autres sous-officiers et de quatre-vingt chasseurs ?

R. Je ne m'en rappèle pas.

D. Lorsque plus tard il s'est agi de fixer le jour de l'exécution, n'avez vous pas entendu Gérard proposer le dimanche ?

R. Je ne m'en rappèle pas : je sais qu'il était question de fixer un jour, mais je ne sais qui a proposé le dimanche.

D. N'êtes vous pas venu un jour dans une auberge à Colmar, insistant beaucoup pour qu'on fît chercher Roger, et offrant une récompense si on pouvait le découvrir; Roger ne venant pas, ne témoignâtes-vous pas de vifs regrets?

R. Je me rappèle d'avoir été à cette auberge pour demander Roger, mais il ne fut question ni de récompense, ni de regrets.

D. Huit jours après n'envoyâtes-vous pas un billet à Roger?

R. Je crois qu'oui.

D. Lorsque je vins au rendez-vous fixé par ce billet, ne dites-vous pas qu'on avait perdu un tems précieux; que cela pressait, attendu que Magnien prendrait son congé au 15 Juillet?

R. Je n'ai jamais dit cela.

D. Après mon arrestation, n'avez-vous pas dit que vous seriez assez disposé à jeter vos 1500 francs de récompense par la fenêtre et déserter, témoignant ainsi votre horreur de m'avoir livré à des agens provocateurs?

(En même tems que le témoin Delzaive répond par le mot *jamais*, M. le président reprend l'accusé Caron, en lui disant avec force: » tant et si longtems qu'il ne sera pas prou-» vé que vous avez eu affaire à des agens provocateurs, je » ne souffrirai pas qu'on emploie cette expression.«)

M.ᵉ Liechtenberger. Je ferai observer au conseil que l'accusé ainsi que le défenseur ont le droit non-seulement de repousser les dépositions, mais aussi d'incriminer les témoins: c'est un droit qui est inhérent à ceux de la défense, il est fondé sur la loi même. L'article 319 du code d'instruction criminelle, §. 2. porte: *Le témoin ne pourra être interrompu: l'accusé ou son conseil pourront le questionner par l'organe du président, après sa déposition, et dire, TANT CONTRE LUI que contre son témoignage, tout ce qui pourra être utile à la défense de l'accusé.*

D. Ne vous êtes-vous pas offert vous-même pour la confection des cartouches, de concert avec Gérard, disant que vous aviez servi dans la marine?

R. Jamais.

D. N'avez-vous pas entendu un jour Gérard parler de la mise en liberté des détenus de la maison centrale d'Ensisheim, en disant que dans leur nombre se trouvait un général qui est son parent? N'avez vous pas entendu l'accusé Caron, répondre à Gérard ces mots: » et que voudriez vous faire » de scélerats dont la société est heureusement purgée? «

R. Je ne me rappèle pas de cela.

L'audience est levée à 5 heures et celle du lendemain fixée à 9 heures du matin.

Audience du 20 Septembre.

Le conseil entre en séance à 9 heures. Les deux accusés sont présens. L'auditoire est composé comme dans les deux séances précédentes; on fait sortir quatre citoyens comme excédant le nombre 21. M. Mathieu, procureur du roi (civil) est à la même place qu'il occupait hier.

On fait l'appel des témoins, lesquels rentrent successivement dans leur salle.

M. le président demande aux accusés s'ils ont encore des questions à adresser au témoin Delzaive.

L'accusé Roger (par l'organe de M. le président).

D. Lorsque j'arrivai à l'auberge du panier fleuri à Brisac, le témoin s'y trouvait-il déjà?

R. Oui, j'étais à boire avec mes camarades.

M. le président adresse à l'accusé Roger la question suivante:

D, Vous avez dit que c'est au moment où vous vous disposiez à partir, que le témoin Delzaive vous a engagé à rester?

L'accusé Roger répond en réitérant exactement ce qu'il avait dit à l'audience précédente. Il ajoute un fait qui lui était échappé hier, c'est que le témoin Delzaive lui confia qu'il avait quelque chose d'intéressant à dire au colonel Caron et qu'il désirerait le voir.

5 *

Le témoin Delzaive répond qu'il n'avait jamais connu M. Caron, qu'il ne pouvait donc pas en parler le premier à Roger.

Le président au témoin Delzaive.

D. Saviez vous s'il existait un M. Caron dans le Haut-Rhin?

R. J'avais entendu prononcer ce nom, mais je n'avais pas connaissance que M. Caron habitât le Haut-Rhin.

L'accusé Roger déclare ici que le témoin Delzaive lui avait demandé vingt fois à son manège après le colonel Caron, et que lorsqu'il l'y rencontra pour la première fois, Delzaive dit : « c'est donc là ce brave colonel Caron?«

Le témoin replique: « M. Roger est un imposteur.« Le président lui recommande de ne pas insulter les accusés, puisqu'ils sont dans le malheur.

Un juge adresse à l'accusé Roger, par l'organe du président, la question suivante :

D. Comment se fait-il qu'après vous être engagé à ramener, de Brisac à Colmar, M. le général Marcognet, vous soyiez resté à l'auberge du panier fleuri ?

R. Je le répète, c'est à 3 heures au moment où je tirais ma montre et que je me disposais à partir, que le sergent Delzaive est venu me sauter au cou et m'a entrainé dans la chambre où étaient ses camarades, et où j'ai oublié ensuite M. Marcognet.

Un autre juge au témoin Delzaive :

D. A quelle heure avez vous quitté Roger, à l'auberge du panier fleuri ?

R. Nous sommes restés ensemble une heure ou deux.

D. Est-ce Roger qui vous chercha le dimanche pour vous conduire au premier rendez-vous avec l'accusé Caron?

R. Je ne m'en rappèle pas... Oui, je crois,

M. le président à l'accusé Roger:

D. Quel était le but de ce deuxième voyage à Brisac?

R. J'avais affaire chez M. Nachbauer, notaire, au sujet d'un procès, et chez un menuisier qui demeure à côté du quartier où était caserné Delzaive. En revenant je le rencontrai, et nous fîmes route ensemble.

D. Lorsque vous êtes parti de Brisac, saviez vous que l'accusé Caron était au bois?

R. Non, M. le président.

D. Le témoin déclare cependant que vous aviez dit qu'il y aurait à boire et à manger dans le bois.

L'accusé Caron répond à cette question, en disant : A ce rendez-vous j'avais en effet apporté deux flacons de vin, mais Roger ne le savait pas et ne peut l'avoir dit à Delzaive.

D. Accusé Roger, vous avez déclaré une fois que vous aviez vous même conduit Caron dans le bois, et plus tard vous avez déclaré le contraire ; expliquez cette contradiction ?

R. Je ne peux que confirmer ma première déposition écrite où j'ai dit que je ne me rappelais pas si au premier rendez-vous j'avais conduit le colonel Caron dans la forêt ; et que depuis comme je l'ai déclaré, je me suis souvenu que ce jour là je l'ai seulement ramené, et que c'est à un autre rendez-vous que je l'avais accompagné. Au premier il était allé seul.

D. Une chose sur laquelle je désire encore une explication : c'est qu'il me paraît extraordinaire qu'il ait fallu que le témoin Delzaive vous mît lui même sur la voie, pour vous faire dire qu'il avait plusieurs fois demandé, à votre manége, après l'accusé Caron?

R. Je répéterai qu'il est positif que déjà en Février ou Mars, Delzaive m'avait témoigné le désir de connaître le colonel Caron.

(On donne ici lecture du premier interrogatoire subi par l'accusé Roger, et dans lequel il déclare qu'en Février des officiers du 46.ᵉ qui voulaient prendre des leçons d'équitation, lui avaient parlé du sergent Delzaive qu'ils se proposaient d'amener au manége, comme ayant été écuyer.

L'accusé Caron veut donner une explication ; mais M. le procureur du Roi déclare s'opposer à ce que Caron réponde quand on interroge Roger. Il s'établit à ce sujet une discussion entre le procureur du Roi et les défenseurs, lesquels soutiennent que les accusés Caron et Roger étant solidaires dans l'accusation portée contre eux, les interrogations qu'on adresse à l'un, concernent directement ou indirectement l'autre accusé, et que la justice veut que l'un et l'autre aient le droit d'y répondre.

Le capitaine rapporteur à l'accusé Roger :

D. Vous avez dit que le sergent Delzaive venait presque toujours à votre manége quand les officiers du 46.ᵉ s'y trouvaient ; cependant les officiers, interrogés, ont déclaré qu'ils n'ont vu qu'une fois le sergent Delzaive à votre manége. Vous n'avez pas réclamé contre cette assertion, donc elle est exacte ?

R. Lorsque cette déclaration de MM. les officiers du 46.ᵉ me fut soumise par M. le capitaine Rapporteur pour savoir si je voulais les faire assigner comme témoins, je lui ai répondu que bien qu'elle ne » soit pas exacte, je ne ju-» geais pas la chose assez importante pour occasionner un » grand déplacement à ces officiers, en les faisant assi-» gner. «

M. le président au témoin Delzaive :

D Avez-vous été plusieurs fois au manége de Roger ?

R. Oui, cinq à six fois, je ne le sais pas au juste.

2.ᵉ *témoin: Gérard, sous-lieutenant aux chasseurs de la Somme,* depuis l'affaire du 2 Juillet ; à cette époque il était maréchal des logis-chef aux chasseurs de la Charente.

M. le procureur du Roi requiert qu'il soit donné lecture, à chaque témoin, des articles du code pénal, sur le faux témoignage. M. le président remplit cette formalité qui n'avait point eu lieu à l'egard du premier témoin.

Le témoin Gérard dépose, que se trouvant au mois de mai, en compagnie avec le sergent Delzaive, à l'auberge du panier fleuri à Brisac, il vit entrer dans la chambre occupée par eux un individu qu'il a su depuis être l'accusé Roger ; que cet individu sauta au cou de Delzaive pour l'embrasser ; que s'étant mis à boire avec eux, il lui en-

tendit dire, dans sa conversation avec Delzaive; mon cher,
„ les affaires vont bien. . . . . sortons un moment. “ Ils
sortirent, et je les suivis de près pour écouter ce qu'ils se
diraient. Roger dit à Delzaive : „ vos chefs vous ont renvoyé
„ à Brisac, parce qu'on a su que vous me fréquentiez; mais
„ soyez tranquille, les affaires marchent bien , quittez moi cette
„ canaille, vous serez chef de Bataillon, au moins capitaine; “ il
demanda ensuite à Delzaive qui j'étais, et Delzaive ayant ajouté,
en me nommant, que jétais une ancienne moustache, Roger
reprit aussitôt : „ eh bien, je lui ferai des ouvertures. “
Rentrés après moi dans la chambre où nous étions à boire,
Roger vint en effet me sonder, en commençant par tenir
des propos contre le Gouvernement; il finit par me proposer un rendez-vous avec le colonel Caron, en me faisant
entrevoir que je serais nommé chef d'escadron. Aussitôt
que Roger fut parti, j'allai faire à mon Capitaine, M. de
Nicol, le rapport de ce qui venait de se passer, et je reçus
pour instruction de me rendre à l'entrevue projetée avec
le colonel Caron. Huit jours après, Roger vint nous prendre, Delzaive et moi, pour nous conduire auprès du Colonel
Caron qui nous attendait dans le bois. Arrivés au lieu du
rendez-vous, je salue le Colonel; il me demande aussitôt
combien j'avais de service; je lui dis 20 ans; sa réponse
fut : „ vous serez nommé chef d'escadron et vous serez
„ décoré. “ On but du vin. Le Colonel s'informa auprès de
moi s'il y avait dans le Régiment, des officiers et des sous
officiers mécontents; il me raconta ensuite son affaire avec
le chef d'escadron de L'etang, à qui il avait fait des propositions en 1820, et qui le dénonça. Il finit par donner
à Delzaive et à moi un rendez-vous pour le lendemain, à
Colmar : Delzaive s'y rendit d'un coté, moi, je me trompai
de chemin et je manquai par conséquent à ce rendez-vous.

J'avois rendu compte de cette première entrevue au capitaine de Nicol et au lieutenant Colonel commandant alors
le Régiment en l'absence du colonel; ces Messieurs rendirent
compte, de leur coté, à M. le général Rambourgt, et on m'ordonna de tomber dans le sens des propositions que me ferait le

Colonel Caron. Celui-ci vint quelques jours après à cheval à Brisac, pour voir manoeuvrer notre régiment Ayant manqué le rendez-vous de Colmar, j'écrivis à Roger pour en fixer un nouveau.

M. le président au témoin Gérard:

D. Avant de nous raconter ce qui se passa au second rendez-vous, dites nous si vous avez dit à l'accusé Caron, que vous aviez été adjudant-major et que vous aviez eu la croix dans les cent jours?

R. Je n'ai point dit que j'avais été adjudant-major; mais comme il fallait bien tomber dans le sens de ces messieurs, quand ils parlaient mal des Bourbons, je ne disais rien.

Le témoin reprend le fil de sa narration.

Au second rendez-vous, le Colonel Caron me demanda si j'avais des sous-officiers et des chasseurs sur lesquels il pût compter: je lui répondis que j'avois six sous-officiers et quatre-vingt chasseurs. Ayant demandé cequ'il en voulait faire, il me confia que son premier projet etait de délivrer les prévenus dans l'affaire de Belfort, détenus dans les prisons de Colmar; qu'après celà nous irions sur Ensisheim, de là dans les Vosges où nous ferions la boule de neige. Il ajoutait qu'il ne conspirait pas seul, qu'il avait des hommes puissans derrière lui, même quelqu'un de la souche; que l'argent ne manquerait pas, que chaque sous-officier qui viendrait se ranger de son côté recevrait 50 Louis de gratification, et les soldats 3 francs par jour.

D. Que se passa-t-il aux autres rendez-vous?

R. Une fois le Colonel Caron me dit: « vous devriez me mettre en rapport avec un adjudant des chasseurs de l'Allier et avec le sergent Magnien, du 46.e J'allai aussitôt voir le maréchal des logis Thiers (des chasseurs de l'Allier); je le mis au courant de toute l'affaire, et après qu'il eut rendu compte de ma communication à ses chefs, il fut décidé qu'il me seconderait et qu'il abonderait, comme vrai, dans le sens de l'accusé Caron. Le sergent Magnien reçut les mêmes instructions.

Ici le témoin entre dans le détail des divers rendez-vous

et de l'expédition du 2 Juillet, dont la relation se trouve très au long, tant dans les rapports du témoin que dans ceux des autres sous-officiers; le lecteur ayant déjà lu ces rapports, nous éviterons une répétition fastidieuse. Voici toutefois comme le témoin termine sa narration.

Arrivés à Battenheim et n'y trouvant ni les fonds ni les affidés promis par Caron (car nous cherchions à trouver des gens qui pensoient comme lui) je conférai avec le capitaine de Nicol, et l'arrestation de Caron et de Roger fut résolue. Je demandai cependant à Caron, avant de procéder à l'arrestation, si les fonds promis devaient arriver bientôt; il me répondit que s'il ne trouvait pas d'argent là où il pensait qu'il y en aurait, on irait, le lendemain, frapper un emprunt forcé à Mülhouse. Je l'entendis alors demander au maire, dans la maison de qui nous nous trouvions, un char-à-banc pour aller chercher, disait-il, de l'argent, et prévoyant que c'était au contraire pour prendre la fuite avec Roger, on profita du moment où ils se trouvaient tous deux réunis dans la chambre du maire, où l'on s'occupait à faire des billets de logement, et on les arrêta.

Cette arrestation opérée, je remontai aussitôt à cheval avec deux autres sous-officiers, et nous nous rendimes en toute hâte au village de Habsheim, où devaient se trouver les affidés de Caron avec les fonds. Mais nous arrivâmes un quart d'heure trop tard : cinq à six conspirateurs bien montés et équipés prévenus à temps, avoient pris la fuite.

Le capitaine rapporteur au témoin:

D. L'accusé Roger ne vous a-t-il pas donné une fois un rendez-vous à Biesheim ?

R. Oui.

D. L'accusé Caron ne vous a-t-il pas dit que six Departemens s'insurgeraient, et suivraient le mouvement qu'il allait commencer ?

R. Oui.

D. Ne vous nomma-t-il pas au nombre de ses affidés le général Dermoncourt ?

R. Oui.

L'accusé Caron adresse au temoin Gérard, par l'organe de M. le président, les questions qui suivent:

D. Par qui avez-vous été présenté à Caron?

R. Par Delzaive avec qui je suis allé au premier rendez-vous.

D. Expliquez la conversation qui eut lieu à un certain rendez-vous, entre Roger et Delzaive, au sujet de M. le préfet?

R. Je sais seulement que M. le préfet, ayant sans doute eu connaissance de ce qui se passait avec Caron et Roger, a fait des reproches à ce dernier et lui conseilla de rester tranquille. Aussi, depuis lors M. le préfet n'était plus dans l'affaire, car une seconde indiscrétion de commise, on nous brulait la cervelle dans la forêt.

D. N'est-ce pas vous qui avez proposé à Caron, de votre propre mouvement, six sous-officiers et 80 chasseurs?

R. Oui c'est moi qui ai fait cet offre ; je lui aurais offert encore bien plus : je lui aurais promis la ville de Colmar, la forteresse de Brisac, l'Armée française entière! car j'avais pour instruction de tomber dans son sens.

D. N'avez-vous pas dit une autre fois que vous sabreriez la garde de la prison de Colmar, si elle faisait mine de résister ?

R. C'est, je crois, Caron qui dit qu'il fallait, dans ce cas, sabrer la garde.

(M. le président dit à cette occasion au témoin: » votre » rôle est fixé, vous pouvez maintenant tout dire. «)

D. Ne vous êtes-vous pas engagé, à un des premiers rendez-vous, à parler à un adjudant des chasseurs de l'Allier?

R. Oui, mais je ne m'adressai pas à cet adjudant parce-qu'il ne pense pas bien, et je présentai à la place Thiers avec Magnien, en disant au Colonel que les opinions politiques de l'adjudant m'avaient empêché de lui parler de l'affaire.

D. En revenant un jour d'un rendez-vous, n'avez-vous pas rencontré deux gendarmes avec lesquels vous-avez bu un verre de bière ?

R. Oui.

D. N'avez-vous pas dit que ces deux gendarmes avaient tenu des propos qui vous faisaient presque craindre d'être arrêté par eux ?

R. Non, je n'ai jamais dit cela.

D. Lorsque vous avez présenté Thiers à l'accusé Caron, ne lui avez-vous pas entendu dire que le sergent Delzaive était un homme dangereux, et qu'il vaudrait mieux le tuer que de courir quelques risques ?

R. Je n'ai pas entendu ce propos.

D. En lui présentant Thiers, vous l'aurez sans doute instruit du motif de cette présentation ?

R. Oui, je lui ai dit que le Colonel Caron était un conspirateur.

D. Thiers ne parla-t-il pas une fois, en votre présence, de M. Marx, officier à demi-solde, avec lequel il avait servi auterfois ?

R. Sitôt que Thiers a été de l'affaire, je ne m'en suis plus mêlé autant.

D. N'est-ce pas vous qui avez proposé le rendez-vous de Markolsheim, et à ce rendez-vous, quand l'accusé Caron vous apostrophait à l'occasion de l'arrestation du général Berton, n'entendites vous pas dire à Thiers: »Colonel nous »ne sommes pas des laches, nous sommes gens s'honneur?

R. Ce n'est pas moi, c'est le Colonel qui indiqua le rendez-vous de Markolsheim. Quant à l'apostrophe, je ne me rappèle pas de l'avoir entendue, ni la réponse de Thiers: je sais par exemple que le Colonel parlait souvent de coups de cravache.

D. Lorsqu'il s'est agi de fixer, au même rendez-vous, le

jour de l'exécution, l'accusé Caron n'a-t-il pas insisté pour une remise de huit jours ?

R. Oui, je le reconnais, et c'est moi qui répondis que cela ne se pouvait pas.

D. Quand l'accusé Caron sortit seul avec vous pour aller ensemble à l'écurie et au jardin, ne lui parliez vous pas de vos services non récompensés; du grade d'adjudant-major que vous aviez dans les cent jours. N'avez-vous pas vu Thiers venir ensuite pour vous dire que Magnien pleurait, parce que Caron avait osé le soupçonner ?

R. Je n'ai jamais été adjudant-major. Thiers vint en effet nous rejoindre au jardin, mais il ne parla pas de Magnien : c'était pour nous dire, que quand on a des entrevues pour des affaires, on ne se séparait pas, et que les confidences devraient se faire devant tout le monde.

D. Dans l'entrevue qui eut lieu après celle de Markolsheim, ne parlâtes vous pas à l'accusé Caron de 16 sous-officiers qui étaient des vôtres; qu'une indiscrétion était à craindre et qu'il fallait agir?

R. Oui, je promettais toujours tout.

(M. le Président rappèle ici à l'accusé Caron, que le témoin Gérard a déjà dit qu'il lui aurait promis la forteresse de Brisac et jusqu'à l'armée française entière).

Le Président au témoin :

D. Est-ce vous qui avez demandé Roger, pour servir de guide à l'escadron de Brisac?

R. Le colonel Caron proposa Roger pour guide; il ajouta qu'il ne voulait pas marcher, mais qu'il le ferait bien aller.

Le président à l'accusé Roger :

D. Qui vous engagea à guider l'escadron de Brisac?

Roger explique de nouveau comment Gérard lui avait demandé la veille de l'expédition de servir de guide à l'escadron de Brisac, attendu que personne ne savait le chemin et ne parlait allemand.

L'accusé Caron reprend la série de ses questions au témoin Gérard.

D. Dans le dernier rendez-vous, ne dites vous pas que vous étiez décidés à marcher lors même qu'il n'y aurait pas d'argent; que si vous en aviez demandé ce n'était que pour vos femmes?

R. En nous rendant à cette dernière entrevue, nous avions l'ordre du général Rambourgt d'arrêter Caron s'il proposait encore la remise de l'affaire, et s'il ne confirmait pas les confidences précédemment faites au sujet des fonds et de ses affidés. Il serait naturel que nous devions le pousser.

D. En arrivant à Meyenheim, n'avez vous pas arraché à la tête de l'escadron, votre cocarde blanche, et n'avez vous pas montré votre Schakos à l'accusé Caron?

R, Oui.

D. Lorsque vous revintes de votre reconnaissance à Ensisheim, dans quelle position étaient les escadrons?

R. Le colonel Caron commandait à gauche en bataille.

D. Ne lui rapportâtes vous pas que vous n'aviez pas voulu parler au capitaine commandant le poste d'Ensisheim, parce que c'était un ultra; mais que vous vous étiez adressé au lieutenant que vous connaissiez, et que celui-ci vous avait dit que le lendemain le poste se joindrait à vous?

R. J'ai rapporté au colonel que j'avais parlé au lieutenant du poste, et qu'il m'avait dit que cela irait le lendemain.

D. N'est-ce pas vous qui à une entrevue avez proposé de mettre en liberté les détenus de la maison centrale d'Ensisheim, en disant que dans leur nombre était un général ou un colonel, votre parent; et l'accusé Caron ne vous a-t-il pas exprimé son horreur de lancer dans la société des scélérats qui en étaient expulsés?

R. Loin d'exprimer son horreur, c'est le colonel Caron qui parla le premier de la délivrance des prisonniers d'Ensisheim.

D. N'avez vous pas dit à Thiers que Delzaive n'aurait pas fait son premier rapport à ses chefs, si vous ne l'y aviez forcé?

R. Non.

D. Comment saviez vous que Caron poussait Roger pour le faire aller?

R. C'est par Caron même. Car, ajoute le témoin, en regardant Roger: Monsieur ne se mêlait de rien du tout.

M. *Marchand*, défenseur de Roger, prie M. le président de vouloir bien demander au témoin dans quel endroit il a vu conduire Delzaive par Roger, lorsqu'ils sortirent de la chambre du panier fleuri pour aller causer confidentiellement.

Le *témoin*: Roger conduisit Delzaive *dans la cour.*

M. *Marchand*: Messieurs les membres du conseil voudront bien se rappeler que Delzaive a dit: *dans la rue.*

Gérard persiste à déclarer que c'était dans la cour, et Delzaive rappelé, dit: je croyais pourtant bien que c'était dans la rue).

M. *Marchand*: Je prie M. le Président de vouloir bien demander au sergent Delzaive, si dans cette entrevue, Roger lui a dit des injures de ses chefs?

Delzaive: M. Roger ne m'a jamais dit aucune injure de mes chefs.

M. *Marchand*: Voilà une nouvelle contradiction avec le témoin Gérard.

3.ᵉ *témoin*: *Magnien, sous-lieutenant au* 46.ᵉ *de ligne* depuis le 2 Juillet; alors il était sergent.

Ce témoin dépose, qu'il vit pour la première fois le colonel Caron à l'auberge du cerf à Andolsheim, où il se trouvait un jour avec les sergens Mathey et Delzaive. M. Caron nous offrit un verre de Kirsch, et en buvant ensemble il nous parla de la position actuelle des anciens militaires, en disant qu'aujourd'hui on n'était pas si bien au service qu'autrefois. Gérard me parla peu de tems après sur le même ton, en me nommant le colonel Caron; lui ayant fait sentir que s'il continuait à tenir un pareil langage, je me verrais forcé de le dénoncer; il me fit la confidence des propositions criminelles de Caron et me proposa de le seconder en feignant comme lui d'entrer dans les projets du colonel. (Ici les détails déjà lus dans les rapports).

Le président au témoin Magnien :

D. Avez-vous reçu de l'argent de l'accusé Caron, et est-ce vous qui avez cherché son uniforme et son casque pour le porter dans les vignes, sur la hauteur de Hatt-stadt?

R. Oui, j'ai reçu une fois de lui 49 francs. C'est moi qui cherchai le premier Juillet au soir l'uniforme et le casque que Madame Caron me remit; Thiers était à la porte et se chargea du sabre du colonel; le lendemain je portai l'uniforme et le casque à l'endroit convenu; Thiers garda le sabre pour le remettre au moment de l'arrivée de l'escadron.

D. Aviez-vous dit à l'accusé Caron, que si le coup manquait vous étiez perdu, et que vous répondit-il?

R. Il me dit que je pourrais faire en sorte de le rejoindre.

Le capitaine rapporteur au témoin :

D. Lorsque vous avez vu pour la première fois l'accusé Caron, à l'auberge du cerf à Andolsheim, vous trouviez vous là par hazard avec cet accusé?

R. Oui, si j'y étais allé dans un mauvais dessein, je n'aurais pas pris Mathey avec moi; car Mathey me dit: » il faut que Delzaive soit fou pour avoir affaire avec ce M. Caron.

D. Avez-vous entendu dire une fois à l'accusé Caron que la conspiration du 19 Août avait manqué, parce qu'on avait fait trop de confidences?

R. Oui.

D. L'accusé Caron ne vous nomma-t-il jamais ses affidés, ne vous parla-t-il pas d'un soulèvement en France?

R. Il me nomma M. Marx, officier en demi-solde de Colmar; Manoury, Brue et d'autres impliqués dans l'affaire de Belfort; il parla même de M. le général Rambourgt. Il me confia qu'il y aurait du monde dans les Vosges et que plusieurs départemens se soulèveraient.

D. Ne vous parla-t-il pas de poignards?

R. Il me dit qu'on ferait feu sur les officiers qui voudraient résister.

'L'accusé Caron fait adresser ensuite au témoin Magnien les questions suivantes:

D. Par qui avez-vous été présenté au colonel Caron la première fois, et le sergent Mathey était-il présent au moment où vous lui futes présenté?

R. Par Delzaive, mais Mathey n'y était pas au moment.

D. Vous rappelez-vous que Thiers dit dans le premier rendez-vous où vous futes prsent, que Delzaive était dangereux, et qu'il fallait lui brûler la cervelle?

R. Non: je n'ai pas fait attention.

D. Au même rendez-vous Thiers n'offrit-il pas le secours de tout un escadron, et ne dit-il pas qu'il partirait avec après une petite revue d'inspection?

R. Oui.

(Ici M. le Président rappèle encore une fois à l'accusé Caron, que les offres sont reconnues constantes, puisque le témoin Gérard a déjà avoué qu'il aurait promis l'armée française entière).

L'accusé Caron continue ses questions.

D. Au rendez-vous de Markolsheim n'entendites-vous pas Thiers dire: „ nous ne sommes pas des lâches, nous sommes „ gens d'honneur; " lorsque l'accusé Caron venait de parler de l'arrestation du général Berton?

R. Je ne m'en rappèle pas.

D. Dans un rendez-vous de la forêt, Thiers ne dit-il pas devant vous: „ il paraît que vous reculez, colonel, „ je ne me serais pas attendu à cela de votre part: l'af„ faire est trop avancée, et si nous reculons nous sommes „ compromis. " N'a-t-il pas ajouté: „ Colonel, si vous avez „ de l'honneur, vous marcherez avec nous? "

R. Je ne me rappèle pas de cela.

D. Lorsque l'accusé Caron vous remit, à la hauteur de Hattstatt, son habit avec le ruban rouge qui s'y trouvait attaché, n'avez-vous pas mis ce ruban sur le coeur, en pleurant?

R. C'est le colonel Caron qui me remit son ruban : en me disant : »je vous le donne , vous serez bientôt confirmé »et fait officier.«

D. Comment l'escadron des chasseurs de l'Allier est-il arrivé à l'accusé ?

R. Je ne pouvais pas le voir assez bien , dans la position où j'étais, car je me trouvais étendu dans les vignes.

D. Alors, à quels cris l'escadron est-il arrivé ?

R. Je ne me rappèle pas d'avoir entendu des cris avant que l'escadron fut en bataille : alors il cria vive l'empereur, à plusieurs reprises.

D. N'avez-vous pas dit un jour à l'accusé Caron qu'il fallait se presser si l'on voulait enlever les prévenus dans l'affaire de Belfort, attendu que vous auriez bientôt votre congé ?

R. Non.

M. Marchand : 'quand le témoin a-t-il pour la premier fois entendu le colonel Caron parler de Roger ?

R. J'entendis seulement dire un jour à l'accusé Caron , que ce serait peut-être Roger qui conduirait l'escadron de Brisac, mais qu'il avait des doutes sur lui : il ajouta qu'il serait embarassé de le remplacer.

4.e *Témoin :* *Thiers , sous-lieutenant aux chasseurs de la Sarthe,* depuis le 2 Juillet; alors il était maréchal des logis-chef aux chasseurs de l'Allier.

Le témoin dépose ce qui suit :

Le 23 Juin Gérard vint me trouver à Colmar : il me confia qu'on conspirait pour délivrer les prévenus dans l'affaire de Belfort, et pour renverser ensuite le gouvernement; qu'il en avait rendu compte à ses chefs et qu'il venait m'engager à le seconder pour déjouer le plan des conspirateurs.

Ici d'autres détails contenus dans les rapports du témoin imprimés en tête de la présente relation.

Le président au témoin :

D. Combien avez-vous reçu d'argent de l'accusé Caron?

R. J'en ai reçu deux fois; une fois 50 fr. et une autre

fois 100 fr. Le colonel Caron parlait de fonds considérables, mais un jour il vint dire à un rendez-vous, qu'il n'avait pas encore l'argent, parceque ses affidés craignaient que son affaire ne fût un coup à la Wœlfel; nous lui dîmes là dessus qu'il fallait néanmoins aller en avant. Il éleva alors des doutes sur Delzaive et il ajouta : »Vous avez appris »qu'un carbonari devenu traître avait été poignardé? Hé »bien, celà est vrai: je connais l'assassin et l'assassiné.«

D. Comment l'escadron que vous commandiez est-il sorti de Colmar ?

R. J'avais été la veille au soir, avec Magnien, chercher le sabre du colonel Caron ; j'allai ce soir là même avec ce sabre (car je n'avais pas pris le mien) chez le général Rambourgt pour le convaincre que le coup devait décidément se faire le lendemain. Le 2 Juillet vers 5 heures du soir, l'escadron, dans lequel se trouvaient plusieurs officiers déguisés en chasseurs, partit de Colmar ; arrivés à la hauteur de Hattstatt, je me détachai de l'escadron pour demander au colonel Caron ce qu'il fallait faire crier aux chasseurs ; il me répondit que c'était vive l'empereur ; cri proféré en effet par l'escadron au moment où il joignit le colonel qui avait déjà crié.

D. Cria-t-on encore vive l'empereur en traversant les communes ?

(L'accusé Caron répond ici pour le témoin, que c'est lui-même qui défendit de crier dans les communes; qu'en s'approchant de Rouffac, Thiers voulut absolument faire crier vive l'empereur ; mais que lui Caron sut maintenir sa défense. L'accusé Caron ajoute que des cris de vive l'empereur partirent de l'escadron de Brisac au moment de sa jonction avec l'escadron de l'Allier, au pont de Meyenheim, et qu'après cette jonction les deux escadrons crièrent.)

M. le président dit encore ici :

Vous voyez combien les troupes du Roi ont été calomniées!

Le témoin Thiers reprend aussitôt : ce qui prouve qu'on a calomnié les troupes du Roi, c'est qu'à Meyenheim un garde champêtre qui s'était mis avec nous, ayant crié vive l'empereur, je tirai mon sabre pour lui tomber dessus, et je le mis en fuite.

Il raconte ensuite comment s'est fait la marche des deux escadrons depuis Mayenheim jusqu'à Battenheim. (Il s'élève entre le témoin et l'accusé Caron une discussion au sujet de la ville d'Ensisheim: le témoin prétend que Caron voulait attaquer le poste qui se trouvait dans cette ville pour la garde des détenus de la maison centrale, et que c'est lui qui l'en empêcha en commandant *à gauche par deux*; l'accusé au contraire soutient que quand Gérard vînt lui rapporter que le lieutenant du poste avait dit que le lendemain on entrerait, ce fut lui Caron qui ordonna la marche sur Battenheim.)

Le témoin reprend la suite de son récit:

A Battenheim ou à Habsheim, avait dit le colonel Caron, on trouverait une caisse d'un millier de louis et ses affidés; mais il ne voulait jamais faire connaitre d'où lui viendrait cet argent: il ajoutait qu'il enverrait Roger pour aller le chercher avec un char à bancs, et il fut en effet question de cela dans la marche d'Ensisheim à Battenheim; mais je crois que c'était dans l'espérance de prendre la fuite.

(Le témoin donne sur l'arrivée à Battenheim et sur l'arrestation des deux accusés, les mêmes détails que ceux fournis par la déposition du témoin Gérard, seulement il ajoute *que l'arrestation de ces messieurs se fit avec tous les ménagemens possibles.*)

Immédiatement après l'arrestation de Caron et de Roger, continue le témoin, le maréchal des logis chef Darentière et moi nous montâmes les chevaux des deux accusés (il était juste, dit-il, que nous fatiguions plutôt les chevaux de ces messieurs que les nôtres) pour aller à Habsheim à l'effet de nous assurer si les fonds et les affidés de Caron étaient dans ce village. Nous nous adressâmes au maire qui fit avec nous la visite des auberges, mais nous ne trouvâmes ni fonds, ni affidés. Ayant demandé au maire si on n'avait pas apperçu des étrangers dans la commune, sur la réponse négative qu'il nous donna, sa petite fille lui dit: »papa, vous oubliez de

»parler de ces trois ou quatre personnes qui se promenaient »hier au soir en décoration sur la route, et qui sont partis »lorsqu'un monsieur est arrivé à cheval de Colmar pour leur »parler.« Ces quatre individus étaient sans doute, ajoute le témoin, Manoury, Brue, Pégulu et un autre, que Caron avait désignés comme étant de ses affidés.

Nous revînmes à Battenheim, rendre compte à nos officiers qui avaient repris le commandement.

Le président au témoin :

D. Est-ce Caron ou un sous-officier qui a dit que si le régiment venait il faudrait sabrer les officiers ?

R. C'est Caron.

L'accusé Caron fait faire au témoin Thiers par l'organe de M. le président, les questions qui suivent :

D. Vous avez dit que Caron avait nommé M. Marx fils pour un de ses affidés. N'est-ce pas vous au contraire qui lui avez parlé le premier de M. Marx, en lui disant, que vous aviez servi ensemble dans le même régiment.

R. C'est le colonel Caron qui me nomma M. Marx fils, il me nomma encore Manoury, Brue, Pégulu et autres.

D. L'accusé Caron n'avait-il pas renoncé au projet, et ne l'avez vous pas pressé d'agir, en lui demandant sa parole d'honneur qu'il persisterait ?

R. Le colonel Caron n'avait jamais renoncé, mais il préparait des remises. La veille du 2 Juillet, le général Rambourgt nous ordonna à Gérard et à moi d'arrêter Caron à un rendez-vous qu'il nous avait donné à la forêt ; mais l'arrestation ne devait pas se faire, si le colonel Caron se montrait décidé à agir et s'il confirmait l'espoir qu'on rencontrerait ses affidés. Deux autres sous-officiers étaient postés derrière des arbres, afin d'accourir au signal qui aurait été donné pour arrêter le colonel.

D. N'avez-vous pas dit, une fois, que vous connaissiez le sous-officier qui avait la clef du dépôt de cartouches ?

R. Oui je l'ai dit ; il nous fallait des cartouches pour nous défendre en cas d'attaque, ou pour opérer des arrestations plus nombreuses : c'était d'ailleurs d'après les ordres du général Rambourgt et de mon colonel.

Le président au témoin :

D. Vous croyez que l'accusé Caron, en ordonnant aux escadrons de se mettre en bataille devant Ensisheim, avait le ptojet d'engager une affaire avec le poste d'infanterie?

R. Je n'en ai jamais douté.

Me Liechtenberger, défenseur du colonel Caron, au témoin Thiers :

Le sergent Delzaive ne fut-il écarté des dernières entrevues qu'à cause de son ivrognerie?

Le témoin. Oui.

D. Comment le témoin fait-il cadrer sa réponse actuelle, avec ce qu'il a écrit dans son rapport du 26 Juin : ce rapport écrit à une époque où la mémoire du témoin était fraiche, constate que Delzaive ne parut pas suspect alors au témoin à cause de son ivrognerie, mais parce qu'ayant tardé de faire sa déclaration à ses chefs, il lui paraissait que Delzaive n'était pas disposé à dénoncer le colonel Caron?

R. Je soutiens tout ce que j'ai écrit dans mes rapports.

D. Alors je demande au témoin si Delzaive lui a dit à lui et à Gérard : *on a manqué de me faire fusiller en dénonçant les faits à mon colonel?*

R. Delzaive s'est plaint de ce que l'on avait parlé à son colonel sans le prévenir.

Me *Liechtenberger.* Le témoin Thiers vient de déposer que le colonel Caron lui avait toujours spontanément offert de l'argent, et en cela il n'est encore pas d'accord avec ses rapports : dans celui du 29 Juin je lis : *pressé ensuite par moi sur les moyens pécuniaires....* or presser, ce n'est pas accepter ce qu'on vous offre, c'est exiger, le mot est assez énergique : dans le rapport du premier Juillet, le témoin dit : *Je lui dis ensuite, et des fonds vous en êtes-vous procurés;* ce qui prouve encore que les demandes d'argent venaient de sa part : il contredit donc aujourd'hui ses propres déclarations en soutenant que jamais il n'a demandé d'argent.

R. Je ne demandais pas d'argent pour moi, je voulais savoir seulement si l'accusé en avait à sa disposition.

5.ᵉ *témoin: de Nicol, chef d'escadron aux chasseurs des Pyrenées* depuis le 2 Juillet; alors il était capitaine aux chasseurs de la Charente.

Le témoin dépose ce qui suit:

Le maréchal des logis-chef Gérard (fait depuis sous-lieutenant) m'avait rendu compte ainsi qu'à M. Joly, lieutenant-colonel commandant les chasseurs de la Charente, en l'absence du colonel, des projets dont le colonel Caron lui avait fait part, et il reçut pour instruction de feindre d'entrer dans les projets de Caron. (Suivent des détails déjà connus, soit par les dépositions précédentes, soit par les rapports imprimés en tête).

M. de Nicol poursuit ainsi :

Après sa harangue à Mayenheim, l'accusé Caron cria vive l'empereur et ce cri fut répété par les deux escadrons, comme il avait été convenu. Après avoir fait apporter du vin, de la bière et du pain, sous les saules près du pont, Caron demanda à un homme qui était venu pour surveiller les distributions, comment on pensait dans la commune; si l'on arborerait facilement la cocarde tricolore. Sur la réponse que fit cet homme, que c'était le curé qui avait le plus d'influence, mais qu'il était ultrà, Caron lui dit: » eh bien ! je lui prépare une leçon pour le retour; les » curés doivent se mêler de prêcher l'évangile, c'est là toute » leur affaire. « (Le lendemain, lorsque nous repassâmes à Mayenheim avec nos deux prisonniers, je pris des informations sur l'individu qui avait eu la veille ce colloque avec l'accusé Caron, et à notre arrivée à Colmar je le signalai à l'autorité).

Après nous être remis en marche pour Battenheim, je remarquai, entre Ensisheim et Battenheim, que M. Caron s'approchait de Roger pour lui dire quelque chose tout bas, et croyant entrevoir qu'ils avaient lé projet de prendre la fuite; je les fis en conséquence serrer de près. Arrivés à Battenheim, et n'y trouvant ni les fonds, ni les affidés annoncés par Caron, j'ordonnai moi-même son arrestation.

Le Président au témoin :

D. Quand Gérard recevait de l'argent, vous en rendait-il compte?

R. Gérard m'a dit en avoir reçu trois fois, et chaque fois 40 fr.

M. *Marchand*, défenseur de Roger, au témoin :

D. Le domestique de Roger a-t-il suivi le maréchal des logis Gérard quand celui-ci est allé à la rencontre de Roger, dans la forét?

R. Oui (en même tems Gérard dit non).

M. *Marchand;* quelle place occupait Roger dans la marche de l'escadron jusqu'à Mayenheim?

R. Il était presque toujours à la queue.

L'accusé Caron adresse au témoin, par l'organe de M. le Président, les questions qui suivent :

D. Le maréchal des logis Zerlaut, en saississant l'accusé Caron par le cou, lors de son arrestation, ne lui a-t-il pas arraché ses épaulettes et sa croix?

R. Le colonel perdit ses épaulettes et sa croix en se débattant, et moi-même je les lui fis rendre.

D. Le témoin de Nicol n'est-il pas entré chez le maire de Battenheim avec six chasseurs pour faire des logemens, en disant au maire : « Nous ne sommes plus les soldats du « Roi, nous sommes des soldats de Napoléon II? «

Pendant que le témoin répond que ce n'est pas lui qui a été faire les logemens à Battenheim, M. le Président relève l'inconvenance de la question posée par l'accusé Caron, et il dit : « M. de Nicol est un homme d'honneur. «

6.e *témoin : Robin, maréch. des logis aux chasseurs de l'Allier.*

Le témoin depose qu'il fut appelé chez Thiers le 30 Juin; Thiers lui raconta l'affaire qui devait avoir lieu; et il consentit à en être. C'est lui qui est l'un des deux sous-officiers mis en embuscade dans la forêt, le jour où Caron devait être arrété. Il fut de l'expédition du 2 Juillet, et le récit qu'il fait de la marche des escadrons jusqu'à Battenheim n'offre pas de circonstances nouvelles.

Le capitaine rapporteur au témoin:

D. N'avez-vous pas entendu tenir à Caron un certain propos, lorsque les escadrons passèrent devant Ensisheim?

R. Oui, le colonel dit: „si nous n'avions pas fait halte, „l'affaire serait baclée; mais c'est égal, cela se fera de- » main.« Il avait dit aussi précédemment, que si le régi‑ment se présentait, il fallait sabrer les officiers.

L'accusé Caron au témoin:

D. L'escadron avec lequel vous étiez, en arrivant à la hauteur de Hattstatt, n'avait-il pas le sabre en main?

R. Je ne m'en rappèle pas.

D. A quels cris arrivait l'escadron?

(Le capitaine rapporteur se récrie encore cette fois contre la position de la question, en la taxant d'insidieuse: il fallait, dit-il, demander d'abord si l'escadron avait crié).

Le témoin répond à la question de l'accusé: Après la harangue nous avons crié vive l'empereur avec le colonel. Il est vrai que nous avions crié déjà au moment de nous mettre en bataille.

(Le témoin Thiers reparait avec la permission de M. le Président, et il dit: » j'observe au conseil qu'en remettant » son sabre au colonel Caron, je lui ai demandé ce qu'il voulait faire crier, et c'est lui qui me dit: » il faut faire » crier vive l'empereur! «)

7.e *témoin: Zerlaut, maréchal des logis-chef aux chas‑seurs de l'Allier.*

C'est ce témoin qui est l'autre sous-officier mis en em‑buscade dans la forêt lorsque Caron devait être arrêté.

Il fait, sur la marche des escadrons, le même récit que le témoin précédent: il diffère seulement en ce qu'il dé‑pose que l'escadron de l'Allier, dont il faisait partie, a crié vive l'empereur avant de se mettre en bataille sur la hau‑teur de Hattstatt.

Il dépose de plus que c'est lui qui opéra l'arrestation du colonel Caron à Battenheim, en le saisissant par le cou, au moment où il venait de lui offrir un verre de vin. Il fouilla les poches du colonel, mais c'est un chasseur de la

Charente qui lui arracha la croix , et c'est lui Zerlaut qui la reprit et la lui rendit.

8.e *témoin : Aupeele, sous-lieutenant aux chasseurs de l'Allier.*

Le témoin dépose que le 2 Juillet, il fut désigné par son colonel, pour se déguiser en simple chasseur et marcher avec l'escadron qui devait arréter Caron et ses complices; lui et les autres officiers aussi déguisés en chasseurs avaient reçu pour instructions de surveiller la marche et d'être sous les ordres du maréchal des logis-chef Thiers.

Il donne les détails déjà connus, sur la marche, et il déclare que l'escadron était arrivé à la hauteur de Hattstatt, aux cris de vive l'empereur.

9.e *témoin : Borel de Larivière, sous-lieutenant aux chasseurs de l'Allier.*

Il fait la méme déposition que le témoin précédent. En répétant que l'escadron arriva au colonel Caron, aux cris de vive l'empereur, il ajoute qu'il ne peut néanmoins pas dire qui a crié le premier.

10.e *témoin : Darentière, maréchal des logis-chef aux chasseurs de la Charente.*

Il fut commandé par le lieutenant-colonel commandant alors le régiment, pour marcher avec l'escadron sorti de Brisac. A la jonction de Mayenheim ce fut lui que Caron chargea d'annoncer à l'escadron de la Charente, que chaque chasseur recevrait trois francs par jour, que les sous-officiers obtiendraient de l'avancement et une gratification: l'escadron cria ensuite vive l'empereur !

Le capitaine rapporteur au témoin :

D. N'eutes-vous pas, en route, une conversation particulière avec Roger?

R. Oui, il me parlait d'un procès gagné ou qu'il allait gagner.

Le témoin dépose encore, que le colonel Caron disait positivement qu'il ne voulait pas que les détenus de la maison centrale d'Ensisheim fussent relâchés. Il disait de plus qu'en cas d'échec, il irait dans les Vosges ou en Espagne *par la frontière*. Le colonel parla aussi au témoin de 24 mille francs à prendre dans un village au-dessus de Battenheim, et il a cru remarquer que, quand Caron parla à Roger d'aller chercher ces fonds avec un char-à-banc, il se doutait de quelque chose et qu'il voulait s'esquiver avec Roger.

11.e *témoin* : *Henry, maréchal des logis-chef aux chasseurs de la Charente.*

Il fut commandé le 2 Juillet pour marcher avec l'escadron ; il fut particulièrement chargé de surveiller Roger, lorsque celui eût rejoint l'escadron de Brisac. Après la harangue du colonel Caron à Mayenheim, ils répétèrent le cri de vive l'empereur, comme cela leur avait été ordonné.

La déposition de ce témoin n'offre, du reste, rien de particulier.

12.e *Témoin* : *Carré, fourrier aux chasseurs de l'Allier.*

Il fut commandé le 2 Juillet pour marcher avec l'escadron. Ce fut lui que Thiers envoya en avant pour avertir le colonel Caron que l'escadron arrivait ; le colonel mit son uniforme et son casque, et à l'arrivée de l'escadron on cria : vive l'empereur !

Un juge au témoin :

D. Puisque vous étiez en avant, dites nous si, en arrivant à Mayenheim, les vivres étaient prêts ?

R. Ils ne l'étaient pas.

(Lorsque le témoin continue à parler de la marche de Mayenheim à Battenheim, il s'élève de nouveau une discussion au sujet du commandement de *tête de colonne à gauche*, devant Ensisheim : le témoin ainsi que Thiers, rappelé à cet effet, contestent à l'accusé Caron d'avoir ordonné ce mouvement, et ils en tirent la conséquence que le colonel voulait tenter un engagement avec le poste d'infanterie.)

Le témoin dit encore dans son récit, où il répète en partie ce qu'on sait déjà, qu'arrivés à Battenheim, Caron demanda un char-à-banc avec un bon cheval ; c'est alors que son arrestation fut ordonnée : au moment où on l'arrêtait, le colonel cria : „ à moi, chasseurs ! «

(L'accusé Caron nie d'avoir jeté ce cri.)

13.ᵉ *Témoin: Desson, brigadier aux chasseurs de l'Allier.*

14.ᵉ *Témoin: Bresson, brigadier au même régiment.*

15.ᵉ *Témoin: Lespingole, chasseur au même régiment.*

16.ᵉ *Témoin: Gardel, chasseur audit régiment.*

Ces quatre témoins ont été commandés le 2 Juillet pour marcher avec l'escadron, et leur déposition n'offre rien de nouveau.

17.ᵉ *Témoin: Discand, trompette de gendarmerie à Colmar.*

Le président au témoin :

D. Vous connaissez l'accusé Caron ; quelles relations avez vous eues avec lui ?

R. Je ne le connais que de l'avoir vu souvent à Colmar ; je n'ai eu aucune relation avec lui. Ma femme a fait, il y a deux ou trois ans, deux robes pour madame Caron.

18.ᵉ *Témoin: de Farémont, ancien capitaine de gendarmerie, retiré à Biesheim.*

Le témoin dépose des démarches faites par Roger, lors de sa destitution comme percepteur.

Le capitaine rapporteur au témoin :

D. Puisque vous connaissez l'accusé Roger, quels renseignemens pouvez vous nous donner sur sa conduite pendant les cent jours ?

R. En reprenant, au second retour du Roi, le commandement de la gendarmerie du Haut-Rhin, j'appris que Roger avait été chef de partisans pendant l'interrègne. Cependant ayant eu occasion de le connaître et voyant qu'il se conduisait bien, je me suis intéressé en sa faveur auprès de M. le comte de Castéjà, préfet d'alors, et c'est sur ma sollicitation que Roger avait été nommé percepteur ; il m'en témoignait sa reconnaissance à chaque occasion, et je lui ai, depuis, toujours vu tenir une conduite tranquille.

L'audience est levée à 5 heures et demie et celle du jour suivant est fixée pour 9 heures du matin.

Audience du 21 Septembre.

L'audience s'ouvre à 9 heures. Les deux accusés sont présens. L'auditoire est composé comme dans les deux séances précédentes : M. le procureur du roi civil est à la même place.

On fait l'appel des témoins ; cet appel terminé, M. le président leur fait lecture (à tous ensemble) des articles du code pénal, sur le faux témoignage. Ceux d'entre eux qui n'ont pas encore déposé, et ce sont tous les témoins à décharge, excepté M. de Farémont entendu hier, rentrent dans la salle des témoins.

Le président demande aux deux accusés s'ils ont encore des questions à faire aux témoins précédens ; l'accusé Caron seul répond affirmativement.

L'accusé Caron au témoin de Nicol :

D. On a dit que c'était un chasseur de la Charente, qui a arraché ma croix et mes épaulettes ; voulez-vous le nommer ?

R. C'est Demont ; j'ai repris la croix et l'ai moi-même mise dans la poche de l'habit du colonel Caron.

Le président au témoin Magnien :

D. Vous étiez du bataillon du 46.ᵉ détaché à Colmar ; vous rappelez vous que le colonel du régiment ait fait rentrer le sergent Delzaive à Brisac, et pour quel motif ?

R. Oui, c'est parce qu'il avait des relations avec Roger, et d'autres personnes suspectes.

Le capitaine rapporteur au témoin Gérard :

D. A votre première entrevue avec Caron, que vous dit-il d'abord lorsque vous lui futes présenté.

R. Il me dit : si j'avais cent mille hommes comme vous, je renverserais le gouvernement. Il me fit part de ses soupçons sur Delzaive, et on parla de le poignarder, vû que cela ne faisait pas de bruit.

D. Que vous dit Caron de son avocat de Paris ?

R. Il me dit : „ je viens de voir mon avocat de Paris ;

» il craint qu'il n'y ait du sang répandu dans le procès de
» l'affaire de Belfort. «

Le procureur du roi au témoin Gérard.

D. Précisez les sommes que vous avez reçues de l'accusé
Caron ?

R. J'ai reçu une fois 40 francs ; une autre fois 4 napoléons et une dernière fois 100 francs.

(M.ᵉ Liechtenberger appèle l'attention du conseil sur les
contradictions qui résultent des rapports de Gérard , et de
la déposition qu'il vient de faire.)

Le procureur du roi fait aux témoins Magnien et Delzaive
les mêmes questions.

Magnien répond qu'il a reçu 10 francs au premier rendez-vous et 50 francs au dernier.

Delzaive a reçu une fois 5 francs , et une dernière fois
25 francs.

Le président annonce qu'il va poursuivre l'audition des
témoins assignés à la requête des accusés. M.ᵉ Liechtenberger, en remet la liste à M. le président , en annonçant
qu'il les avait classés dans l'ordre des faits sur lesquels ils
avaient à déposer; il demande que les témoins soient appelés dans cet ordre, ce qui est accordé.

19.ᵉ *Témoin*: *Mercier de Boissy* , *sous-lieutenant au* 46.ᵉ
de ligne.

L'accusé Roger au témoin (par l'organe de M. le président):

D. Vous preniez des leçons d'équitation chez Roger ; le
sergent Delzaive n'est-il pas souvent venu au manège pendant que vous y étiez , n'est-ce pas vous qui l'y avez présenté ?

R. Je n'ai pas présenté Delzaive ; voulant savoir si M.
Roger m'instruisait bien , j'engageai le sergent Delzaive , ancien écuyer , à venir au manège.

D. N'avez vous pas dit à Roger que vous aviez dans le
bataillon un sergent, ancien élève de Franconi , que vous
lui présenteriez pour faire assaut avec lui ?

D. Je peux en avoir parlé ; mais je n'ai pas présenté Delzaive.

20.ᵉ *Témoin : Eggerlé (Jean Baptiste), propriétaire à Colmar.*

L'accusé Roger au témoin (toujours par l'organe de M. le président) :

D. M. Eggerlé est voisin du manège, n'a-t-il pas vu plusieurs fois un sergent d'infanterie entrer au manège, quand M. Mercier venait prendre ses leçons ?

R. Oui, d'autres témoins le diront aussi.

(Ici M. le capitaine rapporteur et M. le président font remarquer en même tems, qu'il paraîtrait que les témoins à décharge se seraient déjà communiqué, les uns aux autres, ce qu'ils déposeront. M. le président ajoute : » l'a-» veu est précieux, je demande qu'il en soit fait mention » au procès-verbal. «)

Les défenseurs font l'observation que des témoins assignés à la requête d'un même accusé, habitant la même maison, et n'ayant connaissance que d'un seul fait, qui se rattache à la procédure, peuvent fort bien s'être questionnés entre eux sur ce qu'ils présumaient devoir faire l'objet de leur déclaration, sans que pour cela leur déposition faite sous la garantie du serment, puisse paraître suspecte.

21.ᵉ *Témoin : Eggerlé (Joseph), propriétaire à Colmar.*

(Le capitaine rapporteur demande d'abord au témoin, s'il est parent du témoin précédent. Sur la réponse qu'il en est le frère, M. le capitaine rapporteur replique que c'est utile à savoir.)

Le témoin dépose du même fait que le témoin précédent : il a vu entrer souvent au manège de Roger, des sous-officiers d'infanterie et de cavalerie.

22.ᵉ *Témoin : Eggerlé (Adam), de Colmar.* (Neveu des deux précédens témoins.)

L'accusé Roger demande au témoin s'il n'a pas su qu'il avait formé le projet d'aller établir un manège à Fribourg en Brisgau, déjà six mois avant l'affaire du 2 Juillet.

Le témoin répond : Oui, et M. le président dit : allez vous asseoir.

23.e *Témoin : Eggerlé, (Victor) de Colmar.* (Second neveu.)

Même demande et même réponse.

24.e *Témoin : Petin, architecte des bâtimens communaux, à Colmar.* (Elève de Roger.)

Même demande et même réponse.

Sur une autre interpellation de Roger, le témoin répond qu'il a vu souvent des sous-officiers au manège ; mais comme il a la vue basse, il ne pourrait pas les reconnaître.

25.e *Témoin : Hartmann, tailleur à Colmar.*

Le témoin demeure à côté de la porte d'entrée du manège. Il dépose qu'un sergent d'infanterie est venu souvent à sa fenêtre, demander après Roger ; une fois il demanda aussi après le colonel Caron. Le témoin a appris depuis que c'était le sergent Delzaive, et il le reconnaît sur le banc des témoins.

(Le sergent Delzaive appelé par M. le président, déclare ne pas connaître le témoin, et n'avoir surtout jamais demandé chez lui après le colonel Caron.)

Le capitaine rapporteur au témoin Hartmann :

D. Comment se fait-il que le sergent Delzaive aurait demandé chez vous après l'accusé Caron ; quand Roger n'était pas au manège, fallait-il donc s'adresser aux voisins ?

R. Il a demandé chez moi après M. Caron, sans doute parce qu'il m'avait vu quelquefois au manège : souvent quand Roger ni son domestique ne se trouvaient au manège, on venait chez moi pour demander après eux, il fallait absolument passer près de ma fenêtre pour y entrer.

26.e *Témoin : Marx, fils ainé, receveur d'arrondissement à Colmar.*

Sur l'interpellation de l'accusé Roger, le témoin dépose qu'il avait parfaite connaissance que Roger devait aller établir un manège à Fribourg ; il sait même que cet établissement était décidé peu de tems avant l'affaire du 2 Juillet.

27.e *Témoin: Marx, fils cadet, officier en disponibilité à Colmar.*

Même question et même réponse au sujet de l'établissement de Fribourg. Le témoin dépose de plus, qu'il a été lui-même à Fribourg pour recommander Roger; il avait pris avec lui les papiers de Roger, et lorsque dernièrement il est retourné à Fribourg pour reprendre ces papiers, il a été surpris d'apprendre que l'autorité française, avait écrit aux autorités de Fribourg pour demander que les papiers en question ne fussent pas rendus à Roger,

Interrogé par Me Liechtenberger, si le maréchal des logis chef Thiers ne lui avait pas fait une fois des propositions, le témoin déclare que Thiers avait servi avec lui dans le même régiment, et que l'ayant une fois rencontré dans la rue, il avait invité Thiers à diner; que depuis l'affaire du 2 Juillet, il n'avait plus eu de relation avec lui, et qu'il a appris que lui témoin avait été nommé dans un rendez-vous entre Thiers et le colonel Caron.

28.e *Témoin: Trimbach, sellier à Colmar.*

Dépose que Roger avait fait chez le témoin une commande de selles, de couvertes et autres choses pour son établissement de Fribourg; qu'il était venu souvent le hâter, et que voulant absolument partir, il l'avait encore pressé quinze jours et huit jours avant l'affaire du 2 Juillet; mais que lui sellier n'avait pu être prêt.

29.e *Témoin: La dame Trimbach,* (épouse du témoin précédent.)

Même déposition que celle de son mari.

(On appèle des témoins domiciliés à Fribourg, et le greffier donne lecture d'une lettre des autorités de cette ville, qui annoncent que ces témoins ne comparaitront pas si on ne leur alloue une indemnité fixée par eux.)

30.e *Témoin: Maud'heux, avocat à la cour royale de Colmar.*

Même déposition que celle de M. Marx, quant aux démarches de Fribourg.

31.e *Témoin: Gouvignon, employé des contributions indirectes.*

Interpellé par l'accusé Caron, le témoin dépose qu'il a mangé pendant cinq mois à la table du colonel Caron ; il sait qu'environ deux mois avant l'affaire du 2 Juillet, deux sous-officiers sont venus dans la maison, demander après M. Caron ; sur la réponse qu'on leur fit que le colonel était à dîner, ils repartirent sans lui parler ; c'était, ajoute-t-il, avant que Mad.e Caron fût de retour à Colmar.

32.e *Témoin : Girardin*, (*Françoise*) (jeune fille servant dans la maison occupée à Colmar par l'accusé Caron.)

(Le témoin parle avec peu d'assurance.)

L'accusé Caron au témoin :

D. Vous rappelez-vous qu'en Avril deux sous-officiers vinrent demander après moi.

R. Oui, (elle ne sait pas à quelle époque.)

(Le président demande au témoin, comment elle peut savoir que c'étaient des sous-officiers ; avaient-ils des galons de laine ou des galons d'argent, comment étaient-ils habillés ? Elle répond : „ en rouge." L'accusé Caron fait remarquer que sans doute elle veut parler des pantalons.)

Afin de mieux faire comprendre la question, l'accusé prie M. le président de demander au témoin s'il n'est pas venu deux militaires dans la maison, pendant qu'on blanchissait les murs, pour demander après le colonel Caron. La question est posée ainsi.

R. Oui, deux soldats sont venus demander après M. Caron ; je leur ai dit qu'il était à diner, et ils sont partis.

Le président au témoin : Pourquoi n'avez-vous pas dit cela de suite ?

R. Parce que je ne vous ai pas bien compris la première fois.

Autre demande de M. le président : Les deux militaires étaient-ils en habit, ou en veste et de quelle couleur ?

R. Ils étaient en veste, je crois de couleur bleue.

(On appèle un autre témoin, qui était servante dans la maison où logeait l'accusé Caron ; mais elle ne comparait pas pour cause de maladie.)

33.e *Témoin : Florence*, menuisier à Brisac.

L'accusé Roger : Le témoin demeure à côté du quartier d'infanterie ; je l'ai fait assigner pour qu'il déclare si je n'ai pas été chez lui le 27 Mai, pour parler avec lui d'affaires particulières, et afin d'expliquer pourquoi j'ai été vu aux environs du quartier.

Le témoin répond : Oui, M. Roger a été chez moi pour affaires, environ cinq semaines avant le 2 Juillet.

34.e *Témoin : Nachbauer, clerc-de-notaire à Brisac.*

Le témoin dépose que le 27 Mai, Roger a été à l'étude où il travaille, pour parler d'une somme d'argent pour laquelle il était poursuivi. Il sait de plus que Roger avait conduit ce jour là M. le général Marcognet à Brisac, et qu'il devait le ramener à Colmar.

35.e *Témoin : Moser, clerc-de-notaire à Colmar.*

Le témoin dépose qu'il a vu un jour le maréchal des logis Gérard parler à Roger, dans une auberge à Brisac.

36.e *Témoin : Sourisseau, perruquier à Colmar.*

Il dépose que le 27 Mai se trouvant avec un ami, à dîner à l'auberge du panier fleuri à Brisac, M. Roger vint à la même auberge ; il s'assit à leur table et fit apporter un demi litre de vin, du pain et du fromage. Le témoin offrit à Roger du dessert et un verre de vin muscat, et il demanda à Roger une place dans sa voiture pour retourner avec lui à Colmar ; mais Roger lui dit qu'il ne le pouvait pas, attendu qu'il devait reconduire à Colmar la personne qu'il avait amenée à Brisac (le témoin croit avoir entendu que c'était un colonel ou un général). Il y avait à la même auberge, dans une chambre à côté de la salle, des militaires, mais le témoin n'a vu sortir de la chambre aucun de ces militaires ; il n'a pas vu non plus Roger y entrer. Il ajoute que l'ami avec lequel il se trouvait à Brisac, est en ce moment marqueur dans un café de Strasbourg, que le témoin désigne.

(M. le Président remet aussitôt à un gendarme et en vertu de son pouvoir discrétionnaire, une assignation pour la personne désignée par le témoin Sourisseau).

M.e Liechtenberger interpelle le même témoin, au sujet

d'un propos qu'il aurait entendu au café Blondeau à Colmar.

Le témoin raconte, qu'après l'affaire du 2 Juillet, le maréchal des logis-chef Thiers lui apprit dans une conversation au café indiqué, qu'il avait eu plusieurs entrevues avec le colonel Caron ; que celui-ci ne voulait jamais se décider, il lui mit un jour, dans un rendez-vous de la forêt, le pistolet sur la gorge, en lui disant que s'il pouvait être un traitre, il lui brûlerait la cervelle ; que là-dessus le colonel Caron lui frappa sur l'épaule en lui disant : » allons ; » je vois que vous etes un brave garçon. «

37.e *témoin : Chaudouin, bottier à Brisac.*

Il dépose, que le 27 Mai il était à boire avec des sous-officiers, dans une chambre de l'auberge du panier fleuri ; d'après le témoin, c'est lui qui dit à Roger, qui se trouvait dans la salle à cote, de venir boire un verre de vin avec eux, que M. Delzaive désirait le voir. En entrant avec Roger dans la chambre, Delzaive donna la main à ce dernier ; il lui montra ensuite le maréchal des logis-chef Gérard, en lui disant, voilà encore une ancienne moustache, il désire aussi faire votre connaissance. Il y eut quelque tems après une petite dispute, et Delzaive et Gérard sortirent avec Roger pour aller dans la cour. Le témoin raconte encore qu'un jour dans une brasserie, Gérard lui dit qu'il était très-mécontent de l'état des choses actuel, mais que bientôt cela irait mieux.

Le témoin Gérard rappelé pour répondre, nie d'avoir tenu ce propos ; il ajoute, qu'il sait cependant que M. Chaudouin pense bien.

Le témoin Chaudouin dépose de plus, qu'une autre fois Gérard lui dit qu'en 1814 il servait dans la garde royale et que lorsqu'on lui proposa en 1815 de suivre le Roi à Gand, il n'en fit rien, étant sûr d'avancer quand l'empereur serait arrivé à Paris.

(M. le Président fait remarquer ici au témoin Chaudouin que Gérard ne peut pas avoir tenu ce propos, puisqu'à la première restauration il n'existait pas encore de garde royale, et qu'il n'y avait alors que des gardes du corps et des mousquetaires).

38.ᵉ *témoin: Frédéric, marqueur dans un café de Strasbourg.* (C'est le jeune homme assigné à l'audience de ce jour, qui avait été avec le témoin Sourisseau, au panier fleuri à Brisac).

Il dépose (sans prêter serment) que dans le courant de Mai il était allé dîner avec M. Sourisseau à l'auberge du panier fleuri à Brisac; que M. Roger arriva à la même auberge et se mit à leur table, faisant apporter une chopine de vin blanc, et qu'il prit ensuite un verre de muscat avec eux. Je n'ai pas vu Roger, continue le témoin, parler à des militaires; mais il avait déjà payé son écot quand il s'est levé, et je crois qu'il est parti avant nous, qui avons quitté à 5 heures.

39.ᵉ *témoin: Vilmain, consigne à Brisac.*

Le témoin dépose, que le 27 Mai il était à boire à l'auberge du panier fleuri avec des militaires et M. Chaudouin; le sergent Delzaive qui était du nombre, fit entrer Roger qui se trouvait dans la salle à côté. Quelque tems après Delzaive et Roger sortirent ensemble; Gérard les suivit de près, après avoir demandé au témoin ce que Roger et Delzaive s'étaient dit; ces deux derniers rentrèrent, Roger fit venir du vin doux, et après qu'on en eût bu quelques verres, Roger regarda Gérard et lui dit: » vous êtes un » ancien? Oui, reprit Gérard, mais pas trop content.«

Le Président au témoin: Est-ce Delzaive ou Chaudouin qui introduisit Roger?

R. Je ne me le rappéle pas bien, mais je sais positivement que Delzaive est allé audevant de Roger.

(Gérard, rappelé par le Président, avoue avoir dit qu'il n'était pas content; mais, ajoute-t-il, je parlais ainsi pour inspirer de la confiance à Roger et connaître le fond de l'affaire).

40.ᵉ *témoin: Bibert, cantonnier à Wolfgantzen.*

L'accusé Caron avait déclaré, dans un de ses interrogatoires, qu'il était allé un jour à la forêt avec une pioche, pour déterrer de jeunes renards.

Le témoin dépose qu'il a vu en effet le colonel Caron et Roger revenir de la forêt, avec un renard dans une carnassière.

41.ᵉ *témoin: Veuve Kauffmann , cabaretière à Colmar.*

Sur la demande que lui adresse l'accusé Roger, si le sergent Delzaive n'est pas venu au mois de Juin demander après lui, à son cabaret; le témoin dépose qu'un jour (sans se rappeler de l'époque) un sergent d'infanterie est venu de Brisac demander chez elle après M. Roger; elle lui indiqua son logement, et il promit un pour boire si elle voulait le faire chercher, mais sans dire à Roger que c'était lui Delzaive qui le demandait; Roger n'arrivant pas, le sergent alla enfin lui-même à son logement et de là au manége, sans être plus heureux. Il revint au cabaret du témoin, se montra fort soucieux, se frottant le front, et après avoir pris un verre de bière il repartit.

M. Roger étant arrivé plus tard, pour savoir qui l'avait cherché, le témoin lui dit que c'était un militaire bien impatient de le voir. Roger, loin de montrer du regret, eut de l'humeur et dit même au témoin : » que le diable emporte ce sergent ; s'il revient une autre fois, qu'on ne me fasse plus chercher. «

Le sergent Delzaive rappelé par M. le Président, déclare qu'il a en effet été au cabaret du témoin, pour fixer de concert avec Roger un rendez-vous avec le colonel Caron.

On appelle François Boucher de Brisac. Ce jeune homme, quelques jours après l'arrivée de Delzaive au cabaret de la veuve Kauffmann, doit avoir été chargé d'une lettre écrite par Gérard à l'accusé Roger, dans laquelle Gérard sollicitait le colonel Caron de lui accorder une nouvelle entrevue.

Le témoin Gérard se lève et déclare qu'il a en effet envoyé ce jeune homme avec une lettre pour demander un rendez-vous; il dit: depuis dix à douze jours il n'y avait plus d'entrevue, et j'ai écrit cette lettre pour renoüer l'affaire.

Sur cette déclaration de Gérard les accusés renoncent à faire entendre le témoin.

42.ᵉ *témoin:* . . . . . *trompette des chasseurs de l'Allier.* Déposition insignifiante.

Un autre trompette se présente comme témoin. ainsi qu'un maréchal des logis, tous deux des chasseurs de l'Allier, mais ils ont été assignés à tort, n'ayant pas été de l'expédition du 2 Juillet.

L'accusé Caron fait observer à cette occasion, qu'espérant que particulièrement dans les rangs des simples chasseurs il aurait trouvé plus d'un témoin qui eût déposé à sa décharge, il avait demandé à faire comparaître tout l'escadron de l'Allier qui était venu le joindre à la hauteur de Hattstatt, et il ajoute que dans une accusation capitale et du genre de celle qui pèse sur sa tête, cette latitude n'aurait pas dû lui être refusée. M. le Président rappèle à l'accusé Caron, qu'il a déjà reçu pour réponse *qu'on ne pouvait pas désorganiser ainsi les escadrons pour un accusé.*

L'accusé Roger demande si un autre trompette qui a été assigné comme témoin à décharge, et qui manque parce qu'il a été renvoyé du régiment avec son congé, n'avait pas été mis en prison, peu de tems après l'affaire du 2 Juillet, pour avoir mal parlé de cette expédition?

Un des officiers de l'Allier présent comme témoin déclare, avec la permission de M. le Président, que ce trompette était un très-mauvais sujet, qu'il avait été mis en prison pour toute autre chose que ce que suppose l'accusé Roger, et qu'il a eu son congé parce que son tems de service était expiré.

43.ᵉ *témoin: Chaudeau, maréchal des logis aux chasseurs de l'Allier.*

Il a été commandé le 2 Juillet pour marcher avec l'escadron. Il donne les détails déjà connus sur la marche de l'escadron. Il dépose en outre que des cris se sont fait entendre au moment de l'arrivée de l'escadron à la hauteur de Hattstatt, mais il n'a pas entendu ce qu'on a crié: après la harangue du colonel Caron, tout l'escadron cria vive l'empereur. Le témoin ajoute qu'en marche, le maréchal des logis-chef Thiers défendit aux chasseurs de rester en arrière et de parler aux habitans.

Le Président: „ je demande que ce dernier fait soit con-
„ signé au procès-verbal.

44.e *témoin: Bourdeux, maréchal des logis-chef aux chasseurs de l'Allier.*

Le témoin a été commandé le 2 Juillet pour marcher avec l'escadron; son récit n'ajoute rien de nouveau à ce qui déjà a été déposé sur la marche de l'escadron: seulement il dit que l'escadron arriva à la hauteur de Hattstatt aux cris de vive l'empereur.

45.e *témoin: Martinet, maréchal des logis-chef aux chasseurs de l'Allier.*

Il a été commandé le 2 Juillet pour marcher avec l'escadron. Mêmes détails sur la marche. L'escadron arriva au trot à la hauteur de Hattstatt, mais il ne se rappèle pas bien si on a crié vive l'empereur avant la harangue du colonel Caron; le témoin se rémémore et dit: „oui, en „effet, l'escadron a crié vive l'empereur en arrivant et „avant la halte, mais il ne sait qui a donné le signal.

L'accusé Caron interpelle encore le témoin, de dire si ce n'est pas lui (l'accusé) qui a commandé, devant Ensisheim, *tête de colonne à gauche!* Le témoin répond qu'il sait seulement que le colonel a dit qu'il fallait appuyer à gauche.

M. le Président demande au témoin s'il en est bien sûr. Il répéte qu'il en a la certitude.

46.e *témoin: Dayant, maréchal des logis aux chasseurs de l'Allier.*

Il a été commandé le 2 Juillet pour marcher avec l'escadron. Il répéte que l'escadron est arrivé au trot à la hauteur de Hattstatt, en criant vive l'empereur, mais il ne sait qui a donné le signal.

(Le capitaine rapporteur prévient ici le témoin, que d'autres maréchaux des logis avaient cependant dit positivement, que l'escadron n'avait crié vive l'empereur, qu'après la harangue de l'accusé Caron. M. le Président fait observer à son tour à M. le capitaine rapporteur, qu'on ne doit pas faire connaître à un témoin ce qu'un autre témoin aurait déposé. Le capitaine rapporteur répond : » je » dois signaler les faux témoins. «)

47ᵉ. *témoin : Bouquin, maréchal des logis aux chasseurs de l'Allier.*

Il a été commandé le deux Juillet pour marcher avec l'escadron. Il n'a pas entendu crier vive l'empereur avant la harangue du colonel Caron.

48.ᵉ *témoin : Heyberger, cultivateur à Obermorschwir.* (Il vient au lieu et place de son beaupère le S.ʳ Struss, assigné à tort).

Ce témoin se trouvait à la hauteur de Hattstatt, à l'arrivée de l'escadron des chasseurs de l'Allier. Il a vu un chasseur arriver au galop et parler à un individu revêtu d'une grande capote et portant un chapeau de paille (c'était le sergent Magnien qui avait porté l'uniforme et le casque du colonel Caron). L'escadron arriva peu de tems après et le colonel sortit d'un chemin creux, en uniforme de dragon ; un chasseur vint encore en avant pour présenter un sabre au colonel : alors il harangua la troupe, et le témoin entendit immédiatement les cris de vive l'empereur.

Sur l'interpellation de l'accusé Caron, le témoin ajoute qu'il a bien entendu les chasseurs crier, en arrivant au trot à la hauteur ; mais il ne pouvait pas dire ce qu'ils ont crié.

Le capitaine rapporteur demande au témoin, pour quoi il est venu devant le conseil sans être assigné.

Il répond que son beaupère avait été assigné par erreur, et qu'il lui conseilla de comparaître à sa place, puisque c'était néanmoins lui qui se trouvait le 2 Juillet à la hauteur de Hattstatt.

49.ᵉ *témoin : Reithinger, maire de Battenheim.*

Le témoin dépose, que le 2 Juillet à une heure du matin, six chasseurs arrivèrent devant sa maison, frappant à la porte pour le réveiller. Il leur ouvrit après avoir fait de la

lumière. Ils lui annoncèrent qu'ils venaient faire des logemens pour 200 chasseurs, 20 officiers et 1 colonel. Le témoin leur dit: «où allez-vous si tard, Messieurs? à Hu-
»ningue? montrez moi votre feuille de route.« Sur la réponse que fit l'un des six chasseurs, qu'ils n'avaient pas
de feuille de route, le témoin leur déclara que sans feuille
de route il ne donnerait pas de billets de logemens; alors
ce chasseur repliqua: Nous ne sommes plus les soldats du
Roi, nous sommes de soldats de Napoléon, du Roi de
Rome. Que dites vous de cela, M. le Maire?... »Si vous
»ne faites pas des billets, nous nous logerons militaire-
»ment.« Le témoin fit chercher alors le greffier de la mai-
rie pour faire des billets. Arrivèrent en même tems les deux
cents chasseurs avec un colonel de dragons, qui entra dans
la chambre ainsi que plusieurs sous-officiers et chasseurs;
on se met en devoir de faire les billets de logement, et
j'offre moi-même ma maison et celle de quelques voisins,
pour loger le colonel et les officiers. Mais pendant que le
colonel est de bout devant la table où le greffier écrivait
les billets, un chasseur le prend par derrière et le renverse
par terre; tous les chasseurs lui tombent dessus, en criant:
»Jean f.... nous avons cru trouver de ton monde ici,
»qu'on sabre ce conspirateur, ce scélérat! « Le témoin entendit encore crier: »Chasseurs, à moi! « Mais il ne sait
si c'était le colonel ou un autre. On arrêta en même tems
un autre individu qui était arrivé avec les chasseurs et qui
se trouvait aussi dans la chambre, et on demanda des cordes
pour les attacher; les domestiques que le témoin avait envoyés à l'écurie pour chercher des cordes, furent ramenés
aussitôt dans la chambre, par des chasseurs qui disaient:
»Voici des conspirateurs.« On les relâcha pour aller chercher les cordes avec lesquelles on garotta le colonel et
l'autre. Les officiers déguisés ou des chasseurs demandèrent
ensuite au témoin un char-à-banc et un cheval pour aller
à Habsheim; il leur conseilla de prendre leurs chevaux,
qu'ils y seraient bien plus vite: ce qu'ils firent. De retour
de Habsheim, ils vinrent raconter, dans la chambre, que

s'ils étaient partis un quart d'héure plutôt, ils auraient trouvé à Habsheim dix à douze conspirateurs qui ont été avertis à tems pour prendre la fuite. Le lendemain, après le départ des chasseurs avec leurs prisonniers, le témoin trouva dans une chambre un sac rempli de cartouches, qu'il envoya à M. le procureur du Roi.

Le fourrier Carré, présent comme témoin, se lève pour faire une observation; M. le Président le fait venir devant le bureau. Il prétend que c'est le colonel Caron qui demanda, dès son arrivée, un char-à-banc au maire, et non des officiers déguisés en chasseurs, ou des chasseurs; qu'il peut l'affirmer, puisque c'est lui qui a été en avant pour faire les logemens.

Le témoin Reithinger persiste dans sa déclaration.

Le capitaine rapporteur invite le fourrier Carré à dire si l'on a parlé de Napoléon II.

Le fourrier Carré répond: Aucunement; j'ai bien dit, ajouta-t-il, que nous étions des troupes révoltées et que nous nous logerons militairement si on ne voulait pas faire de billets.

Le témoin insiste et M. le Président lui dit: allez à votre place.

Le chef d'escadron de Nicol, aussi témoin présent, avance également vers le bureau. Il déclare qu'aucun des officiers déguisés ne faisait partie des six hommes qui sont allés faire les logements à Battenheim, et que ce n'est pas non plus des officiers déguisés qui crièrent: sabrez ce conspirateur, etc.

(L'accusé Caron dit qu'il croit cependant le contraire. Le témoin de Nicol veut repliquer; mais M. le Président l'arrête en lui disant: » M. de Nicol, vous êtes connu pour » un homme d'honneur, il ne faut pas vous plaindre si l'ac-» cusé vous donne des dénégations. « L'accusé Caron répond aussitôt en disant: » je reconnais que le commandant Ni-» col a fait desserrer les liens qui me blessaient, et qu'il » a dit que j'étais assez malheureux. «

50.e *Témoin: Heitz, gendarme à cheval à Colmar.*

Sur l'interpellation de l'accusé Caron, ce témoin dépose qu'il rencontra un jour, lui et un autre gendarme, le maréchal des logis chef Gérard, habillé en bourgeois, sur la route de Brisac; qu'ils prirent un verre de bière ensemble à Andolsheim, que Gérard les quitta à un chemin de traverse, et qu'il n'a pas été parlé politique entre eux, comme prétend le savoir M. Caron.

L'accusé Caron au témoin : Ne m'avez-vous pas dit à moi-même à la prison de Colmar, qu'en faisant route ce jour là avec Gérard, celui-ci avait tenu des propos contre le gouvernement?

Le témoin répond avec assurance : Non, je ne l'ai pas dit. Si Gérard avait tenu des propos contre le gouvernement je l'aurais arrêté, eût-il été général.

(M. le président félicite le témoin, en disant: Voilà un brave gendarme.)

(On appèle comme témoin un autre gendarme, et ensuite un postillon de Mayenheim; tous deux sont présens mais ils ont été assignés à tort.)

51.ᵉ *Témoin : de Bœcklin, employé des contributions indirectes à Brisac.*

Déposition insignifiante.

On appèle comme témoins assignées par les accusés, et qui n'ont pas comparu :

1.º *M. le comte de Puymaigre ; préfet du Haut-Rhin :* il s'est excusé par lettre, en déclarant qu'il ne pouvait pas s'absenter de son poste.

2.º *M. le général Rambourgt, commandant le même département:* il a envoyé une attestation du médecin.

3.º *M. Joly, lieutenant colonel des chasseurs de la Charente,* qui commandait le régiment au 2 Juillet: il envoie un certificat de médecin.

4.º *M. Betting de Lancastel, secrétaire général de la préfecture du Haut-Rhin,* assigné comme rédacteur du Journal du Haut-Rhin : il s'excuse par lettre en ne se reconnaissant pas rédacteur du Journal du Haut-Rhin, et en disant que si un article de ce journal est incriminé, on prend à partie l'éditeur responsable.

5.º *M. Sido, conseiller de préfecture du même département,* assigné comme éditeur responsable du journal du Haut-Rhin : il s'excuse par une lettre, dont le greffier donne lecture et qui est ainsi conçue :

Colmar le 11 Septembre 1822.

Monsieur,

Il m'a été remis hier une cédule de citation aux fins de comparaître le 9 du courant pardevant le conseil de guerre permanent, séant à Strasbourg, à l'effet de déposer, en qualité d'éditeur du journal du Haut-Rhin, dans l'affaire dont ce conseil est saisi contre les nommés Caron et Roger.

Comme ce ne peut-être que pour obtenir, de ma part, des éclaircissemens sur les faits relatifs à ces prévenus, et insérés au journal sous les N.ᵒˢ 53, 54 et 58 des 6, 9 et 16 Juillet dernier, j'ai l'honneur de vous déclarer, Monsieur, qu'il m'est d'autant plus impossible de donner le moindre renseignement à ce sujet que non-seulement je suis constamment demeuré étranger à la rédaction de ce journal, mais que je n'en suis réellement éditeur que pour la forme : j'ai effectivement fourni le cautionnement exigé par la loi du 9 Juillet 1819 et l'acte rédigé en conséquence porte mon nom, mais je me trouve, par l'effet d'un revers, dégagé de toute espèce de responsabilité sous ce rapport.

Si des renseignemens devenaient absolument indispensables, ce serait à la préfecture, où l'on rédige le journal, qu'il conviendrait de s'adresser pour en avoir de positifs ; quant à moi je puis vous réitérer l'assurance que je suis hors d'état d'en offrir et mon intervention ne pouvant être d'aucune utilité, dans cette circonstance, je ne me crois pas obligé de déférer à l'assignation que j'ai reçue et que j'ai l'honneur de vous renvoyer ci-joint.

Si contre mon attente et malgré ce que je viens de vous

exposer, vous pensiez cependant que ma présence soit encore absolument nécessaire, je vous prie de vouloir bien me le faire connaître.

J'ai l'honneur d'être etc.

Signé: Sido,

Conseiller à la Préfecture du Haut-Rhin.

M. le président appuie l'assertion contenue dans cette lettre, et il dit: » Oui, c'est le préfet et le secrétaire-gé- » néral qui rédigent le journal du Haut-Rhin, mais ils gar- » dent l'incognito.«

On appèle encore comme témoin qui ne comparait pas, M. Ulrich, chevalier de Saint Louis, ancien officier supérieur de l'armée de Condé: ce témoin, à la comparution duquel l'accusé Caron attachait une grande importance, a quitté Colmar depuis peu, pour repasser le Rhin. *)

---

*) L'intérêt que le témoin absent prenait à la réussite de l'affaire du 2 Juillet, est prouvé en partie par la pièce cijointe: Nous Ange Louis de Kersalaun, marquis d'Enzenou, lieutenant-colonel au 46.e régiment d'infanterie de ligne, commandant le second bataillon dudit corps détaché à Colmar, et Jean Bonnichon, chef du bataillon susdit, chevalier de l'ordre royal et militaire de Saint Louis et de l'ordre royal de la légion d'honneur, sur la demande qui nous en a été faite par M. d'Oulerich, ancien capitaine de la gendarmerie (cavalerie) royale et chevalier de l'ordre royal et militaire de Saint Louis, certifions que le 2 de ce mois, au moment où éclata la conspiration du sieur Caron, M. d'Oulerich se présenta de suite à nous et nous demanda avec instance l'autorisation de marcher et combattre à la tête des grenadiers du bataillon sous nos ordres : Attestons en outre que tant que la troupe resta sous les armes, ce brave officier ne nous a pas quitté et brulait du désir de nous seconder, en donnant dans cette occasion de nouvelles preuves de la fidélité, du zèle et du dévouement dont il n'a cessé de faire profession depuis plus de trente ans qu'il sert l'auguste famille des Bourbons.

Colmar, le 4 Juillet 1822.

Signé : Kersalaun et Bonnichon.

52.ᵉ *Témoin : Feyhl, maître de poste à Colmar.*

L'accusé Caron déclare qu'il a fait assigner le témoin, parce que M. Ulrich (témoin non comparu) logeait chez lui. Il ajoute, qu'il avait été recherché par M. Ulrich et qu'ils avaient mangé ensemble plusieurs fois ; mais qu'ayant entendu dire partout que ce M. Ulrich passait pour être un espion, (ici M. le président reprend l'accusé Caron, en blâmant avec force l'expression dont il vient de se servir. Il ajoute : „ M. Ulrich ést un chevalier de S.ᵗ Louis, „ qui a servi avec honneur dans l'armée de Condé. ") Il lui dit un jour, que sans vouloir approfondir les bruits qui couraient en ville sur son compte, il se voyait néanmoins contraint à ne plus le fréquenter : résolution qu'il prit en effet. J'ai appris depuis mon arrestation, continue l'accusé Caron, que M. Ulrich doit avoir dit à M. Feyhl, plus de trois mois avant l'affaire du 2 Juillet : „ Vous savez „ que Caron s'est brouillé avec moi ; hé bien, je viens „ néanmoins de le faire avertir qu'il se tramait quelque „ chose contre lui. "

Le témoin Feyhl répond à l'interpellation de l'accusé Caron, qu'en effet M. Ulrich, qu'il savait brouillé avec M. Caron, a dit au témoin, en Mars ou Avril, (il ne saurait s'en rappeler): „ que Caron prenne garde à lui, il se „ trame quelque chose contre lui. " M. Ulrich a encore dit la même chose quinze jours avant l'affaire du 2 Juillet; mais le témoin ne lui a pas entendu dire qu'il en aurait fait prévenir M. Caron.

53.ᵉ *Témoin: Karcher, loueur de voitures, à Colmar.*

Déposition insignifiante.

54.ᵉ *Témoin; Le marquis Chabannes de la Palice,* colonel des chasseurs de l'Allier.

L'accusé Caron au témoin : (par l'organe de M. le président.)

D. Est-ce avec votre consentement que Thiers a agi?

R. Oui, après avoir pris les ordres du général Rambourgt.

D. Vous rappelez-vous d'avoir donné un ordre à la suite de la marche des 2 et 3 Juillet.

R. J'ai fait un ordre du jour pour féliciter la troupe sur sa conduite.

L'accusé Caron demande la permission de donner lecture de cet ordre du jour, qu'il tient en main.

Le président (en frappant avec force sur la table): „ un „ colonel peut donner tels ordres qu'il veut. «

M.ᵉ Liechtenberger. Nous ne contestons pas cela : M. le colonel a le droit de faire tel ordre du jour qu'il voudra ; mais comme la pièce que je tiens en main est d'une haute importance, et sera d'un grand poids dans la défense de mon client qui est accusé *d'embauchage*, je prie M. le président d'ordonner que la pièce soit lue, et que le témoin déclare, si elle est réellement son ouvrage.

Sur cette observation le greffier reçoit de M. le président l'ordre de remettre l'ordre du jour en question à M. le marquis de Chabannes, qui en prend communication ; lecture faite, il le reconnait pour être celui qu'il a fait et dont il ne désavoue aucune expression.)

Le président au témoin : Racontez au conseil ce que vous savez de l'affaire.

J'ai eu connaissance de l'affaire en Juin. Le général Rambourgt partant pour une tournée dans le département, il me dit que s'il y avait un mouvement de troupes à ordonner, cela me regarderait : que l'on sondait des sous-officiers pour faire un mouvement pour l'enlèvement des prévenus dans l'affaire de Belfort, détenus alors à Colmar. Le maréchal des logis chef Gérard, des chasseurs de la Charente, me fut présenté par Thiers ; je leur ordonnai de suivre jusqu'à la fin le but et les moyens des conspirateurs. Le reste est connu au conseil, par les rapports et par les dépositions qui ont été faites.

Le président au témoin :

D. Avez-vous eu connaissance, que le sergent Delzaive ait été rappelé de Colmar à Brisac ?

R. En Mars ou Avril on me fit remarquer Caron ; j'ordonnai une surveillance, et j'appris plus tard que le sergent Delzaive avait des relations avec lui; qu'il en avait même reçu de l'argent; qu'il tenait des propos. Sur ma demande Delzaive, comme homme dangereux, fut relégué à Brisac.

(M. le président fait ici la remarque, qu'il était bien que Delzaive fût éloigné de Colmar, puisque, dit-il, il avait des relations avec un agent du comité directeur révolutionnaire.)

55.e *Témoin : Henri, capitaine aux chasseurs de l'Allier.*

Déposition insignifiante.

Le président au témoin : le maréchal des logis chef Thiers, vous rendait-il compte exactement de l'argent qu'il recevait de l'accusé Caron.

R. Oui, M. le président.

56.e *Témoin : François Bradelle, domestique chez M. le Comte de Puymaigre, préfet à Colmar.*

Interpellé de déclarer s'il n'a pas dit à l'accusé Roger, en lui parlant à la prison de Colmar : « Si j'avais su que » vous fussiez dans cette affaire, je vous en aurais prévenu; » car j'en avais connaissance quinze jours avant. «

Le témoin dépose qu'il a bien parlé en prison à l'accusé Roger, mais il lui dit seulement qu'il le croyait déjà à Strasbourg.

57.e *Témoin : Schillingen, ancien militaire, détenu à Colmar.*

Il dépose qu'il a entendu à la prison de Colmar, le témoin Bradelle dire à l'accusé Roger, que s'il n'avait pas été en place chez M. le préfet, il aurait pu le prévenir quinze jours avant l'affaire dans laquelle Roger se trouve compromis.

Le témoin Bradelle rappelé, déclare que ce n'est que le 2 Juillet qu'il a eu connaissance de l'affaire.

58.e *Témoin : Jean Baptiste Herrmann, de Dessenheim.*

Dépose qu'il était détenu à Colmar; qu'un jour un monsieur qu'il ne connait pas, est venu dire en sa présence à l'accusé Roger: « c'est malheureux que vous soyiez dans cette

« affaire : si je n'étais pas dans la place où je me trouve,
« j'aurais pu vous en prévenir quinze jours avant. »

Nouvelle dénégation de la part du témoin Bradelle.

(On appèle encore un témoin absent ; c'est Colin, fusi-
lier au 46.ᵉ de ligne : L'accusé Caron l'avait fait assigner,
parce qu'il a servi d'agent intermédiaire entre lui et le sergent Magnien ; mais ce militaire a depuis été nommé gendarme et on vient de l'envoyer en Corse.)

M.ᵉ Liechtenberger demande au témoin Magnien s'il n'a
jamais chargé Colin d'écrire une lettre pour lui.

Magnien répond : jamais.

59.ᵉ *Témoin : Quirot, sergent au 46.ᵉ de ligne.*

Interpellé sur le fait précédent dont il devait avoir connaissance, il déclare qu'il n'a jamais entendu parler de la
lettre dont il s'agit.

60.ᵉ *Témoin : Mathey, sergent au 46.ᵉ de ligne.*

L'accusé Caron interpelle le témoin de déclarer si, lorsqu'il s'est trouvé avec Delzaive et Magnien à l'auberge du
Cerf à Andolsheim, et que lui Caron y est venu, il s'est
mêlé de leur conversation avant le moment du départ où
il leur offrit un verre de Kirsch.

Le témoin répond qu'en effet le colonel Caron en entrant à l'auberge, s'est mis à une autre table, et qu'il ne
leur adressa la parole que peu de tems avant de partir :
on parlait de l'ancienne armée, sans que le témoin puisse
se rappeler ce qu'on disait. Delzaive n'était pas dans la
chambre au moment de l'arrivée du colonel ; je suis également sorti une fois de la chambre.

D. Lorsque vous fûtes un jour de garde à la prison de
Colmar, n'avez-vous pas parlé à Roger : ne lui avez-vous
pas rapporté que Delzaive avait dit, qu'il était tellement fâché de ce qu'il avait fait, qu'il serait presque disposé à déserter ?

R. J'ai vu Roger en allant à la prison faire des armes
avec le fils du concierge, mais je ne lui ai pas parlé dans
le sens indiqué.

Le capitaine rapporteur au témoin :

D. N'avez-vous pas dit à Magnien, que Delzaive avait tort d'avoir affaire à l'accusé Caron ?

R. Oui.

D. Comment saviez-vous que Delzaive avait affaire à Caron; aviez vous remarqué que Delzaive eût parlé à Caron en particulier ?

R. C'est une simple supposition que je faisais, car Delzaive m'avait même dit qu'il ne connaissait pas M. Caron.

61.e *Témoin: Dublar, ex-officier, l'un des condamnés dans l'affaire de Belfort.*

(Ce témoin avait été transféré de la maison centrale d'Ensisheim dans la prison de Strasbourg, où il a été retenu pendant tout son séjour dans une espèce de secret. Irrité sans doute par la sévérité excessive dont les autorités de Strasbourg ont fait usage vis-à-vis de lui, ce témoin, en répondant aux questions de forme que M. le président du conseil de guerre lui adresse, parait le faire d'une manière qui déplait à M. le président. Il l'a invité avec vivacité à répondre d'une manière plus convenable, et à montrer plus de respect pour le conseil.)

Il dépose que pendant qu'il était dans les prisons de Colmar, causant un jour avec le sergent Delzaive, celui-ci lui dit qu'il n'y avait plus de plaisir à servir, qu'il prendrait bientôt son congé. Un autre jour il demanda au témoin s'il ne connaissait pas le colonel Caron, qu'il voudrait bien le connaitre aussi : Delzaive demanda au témoin une lettre pour M. Caron. Le colonel étant venu quelque tems après à la prison, le témoin lui déclara que le sergent Delzaive lui avait demandé une lettre pour lui ; le colonel répondit : » Je ne sais ce que me veut cet homme, mais on m'a dit » qu'il est venu chez moi, pendant que je ne m'y trouvais » pas. «

Le sergent Delzaive appelé, déclare qu'il a souvent parlé en prison à M. Dublar, mais jamais du colonel Caron.

Le témoin Dublar au sergent Delzaive : n'avez-vous pas aussi reçu une fois de moi une chanson et de l'argent?

R. Je conviens d'avoir reçu une chanson, mais jamais de l'argent.

L'accusé Caron à Delzaive: Ne me dîtes-vous pas aussi un jour, qu'un capitaine de votre régiment, que vous me nommâtes, venait d'arriver, et que vous me le présenteriez?

R. Je ne me rappèle pas de vous avoir jamais dit cela.

(On appéle deux autres témoins qui ne comparaissent pas: ce sont MM. *Buchez et Paulin, de Paris.* tous deux acquittés dans l'affaire de Belfort. On ne les a pas trouvés aux adresses indiquées).

62.e *témoin:* *Roussillon, officier en demi-solde à Belfort.*

Il était détenu dans la prison de Colmar, comme prévenu dans l'affaire de Belfort. Il a entendu raconter un jour à Roger, par le sergent Mathey, que Delzaive avait dit que Magnien s'était bien mal conduit dans l'affaire du colonel Caron, et qu'il ne mourrait jamais que de sa main.

(Le sergent Mathey appelé, nie d'avoir parlé de cela).

Le témoin Roussillon dépose encore, qu'un jour les prévenus dans l'affaire de Belfort ont fait une souscription entre eux, laquelle a produit 20 francs, qu'on a remis au sergent Delzaive pour s'acheter un pantalon; le témoin a été du nombre des souscripteurs; c'était environ deux mois avant l'affaire du 2 Juillet.

Le sergent Delzaive appelé, replique que depuis le mois d'Avril il était rentré à Brisac; qu'il ne pouvait donc plus avoir été depuis lors à la prison de Colmar. Mais M.e Liechtenberger fait remarquer qu'il résulte des rapports employés comme pièces du procès, que le sergent Delzaive était encore à Colmar le 6 Mai.

63.e *témoin: de Grometty, lieutenant au 8.e de ligne.*

Il était détenu dans les prisons de Colmar, comme se trouvant compromis dans l'affaire de Belfort. Il a entendu dire un jour à Dublar, détenu avec lui, qu'un sergent du 46.e lui avait demandé une lettre pour le colonel Caron. Le témoin a aussi contribué à la collecte des 20 francs pour le sergent Delzaive; c'était, d'après lui, dix à quinze jours avant son départ pour Brisac, départ qu'on apprit en prison, quand on ne le vit plus venir.

Le sergent Delzaive rappelé, déclare de nouveau qu'il n'a pas reçu d'argent dans la prison de Colmar.

Le témoin de Grometty affirme le contraire, sur l'honneur; il cite le lieu et les circonstances, et dit que c'est lui-même qui remit à Delzaive les 20 francs. Dans l'intervalle de la remise de ces 20 francs et du départ de Delzaive pour Brisac, ajoute le témoin, il vint même me proposer de me faire sauver; ce que je refusai.

Le sergent Delzaive répète que tout cela est faux.

Le témoin est un des détenus de Belfort, qui ont entendu le propos de Delzaive rapporté par Mathey à Roger: » que c'était une infamie; que lui Delzaive et Gérard avaient tout fait, et que Magnien ne périrait jamais que de sa main. «

64.ᵉ *témoin: Bonisons, chargé d'affaires de M. Barthol-dy, à Colmar.*

Il dépose qu'il a entendu dire à Gérard, dans un café à Colmar, que si on n'avait pas poussé le colonel Caron, il aurait toujours remis l'affaire.

65.ᵉ *témoin; Dockès, marchand à Colmar.*

Il dépose, qu'il était au café Blondeau à Colmar, quand il entendit Thiers dire à des personnes qui buvaient avec lui, que le colonel Caron ne voulait pas se décider, et que lui Thiers l'avait forcé le pistolet sur la gorge à marcher.

Il raconte ensuite que le lieutenant-colonel du 46.ᵉ de ligne qui venait quelquefois chez lui, lui a dit, un jour, en lui parlant de la relation des évènemens des 2 et 3 Juillet, publiée par M. le Député Köchlin, qu'il était bien aise que le 46.ᵉ régiment n'y fût pas nommé, parce que ces évènemens ne lui feraient pas honneur. . . . .

(Le Président fait remarquer ici au témoin Dockès, qu'il lui est difficile de croire qu'un lieutenant-colonel puisse avoir de pareilles relations et de pareilles conversations *avec un juif.* Le témoin tire de sa poche une lettre du même

lieutenant-colonel, et il dit au Président: » pour vous mon-
» trer que je ne mérite pas votre mépris, et que je ne suis
» pas un de ces juifs qui portent la balle, je vous prie de
» lire cette lettre. « Me Liechtenberger fait également observer à M. le Président, que le témoin Dockès est un négo-
ciant recommandable qui exerce son état avec probité, et
qu'un juif est homme comme un chrétien.

66.e *témoin: Gros, cafetier à Colmar.*

Il dépose qu'étant à prendre un jour une tasse de café
avec Thiers, celui-ci lui raconta que le colonel Caron ne
voulait jamais se décider; qu'à un rendez-vous de la forêt,
lui Thiers mit un jour au colonel le pistolet sur la gorge,
en lui disant que s'il pouvait être un traître, il lui brûlerait
la cervelle; qu'alors le colonel Caron lui répondit: je vois
» que vous êtes un brave garçon. «

67.e *et dernier témoin; Ailiote, chef d'escadron aux chasseurs de la Charente.*

L'accusé Caron déclare qu'il n'a fait assigner le commandant, que pour qu'il certifie que lui Caron était venu chez
lui à Brisac, pour lui proposer un cheval à acheter.

Le témoin affirme la vérité de ce fait.

L'audience est levée à 5 heures et celle du lendemain
fixée à 10 heures, pour entendre les plaidoiries.

Audience du 22 Septembre.

Dès 9 heures du matin une foule considérable obstrue les
issues du local où siège le conseil de guerre. A 10 heures
les portes s'ouvrent et la foule se presse vers la salle d'audience; le président ordonne qu'on renforce la garde de
10 hommes. Les 21 personnes une fois admises à l'audience,
la garde fait évacuer la cour et on ferme les portes ex-
térieures.

L'audience est ouverte à 10 heures et demie; M. le Procureur du Roi près le tribunal civil est au nombre des
21 spectateurs.

Après quelques questions faites à des témoins rappelés par M. le président ou M. le capitaine rapporteur, M. le marquis de Chabannes la Palice demande la parole.

Il demande à revoir l'ordre du jour qu'on lui a communiqué hier et dont il a avoué toutes les expressions. Le défenseur de l'accusé Caron remet cet ordre au greffier et celui-ci, par ordre du président, en donne lecture; il est ainsi conçu.

„Ordre du 3 Juillet.

„Le régiment a donné dans l'expédition d'hier et l'alerte qui en a été la suite, la preuve qu'il justifiera la confiance que j'ai en lui. Je n'ai vu partout que le zèle, l'obéissance et le meilleur esprit.

„Le troisième Escadron, le peloton des lanciers, chargés de marcher avec les conspirateurs et de les arrêter a eu la conduite la plus digne d'éloges. Tous ont montré, dans cette commission délicate, une adresse et une prudence parfaites.

„Les circonstances m'ont fait choisir le troisième escadron: j'aurais eu la même confiance dans tous les autres. J'en dis autant de MM. les officiers et des sous-officiers qui ont marché avec le détachement.

„Le maréchal des logis-chef Thiers a montré un dévouement sans bornes et a justifié mon attente.

„Je m'empresserai de faire connaître la conduite de chacun aux généraux sous les ordres de qui nous servons, en les priant de la mettre sous les yeux de S. Ex. le Ministre de la guerre.“

Signé: *Marquis de Chabannes la Palice.*

Après cette lecture M. le colonel affirme de nouveau qu'il ne désavoue pas cet ordre du jour.

Puis il s'exprime ainsi:

„M. le Président j'aurais une demande à faire au conseil.“

M. *le Président:* quelle demande?

M. *de la Palice:* Je désirerais savoir si, dans l'intérêt et pour l'honneur de mon régiment, et d'après les différentes dépositions que je n'ai pu entendre; il n'est pas faux que mes escadrons aient parcouru les campagnes et traversé les villages aux cris de *vive l'empereur!* provoquant par ces cris les habitans à mal faire.

M. *le Président:* J'ai déjà eu l'occasion de remarquer, et je l'ai fait publiquement, que la déposition des témoins et des accusés eux-mêmes ont constaté que les escadrons n'avaient proféré aucun cri dans leur marche. Je déclare donc de nouveau, et je proclame du haut de mon tribunal à la France et à l'Europe entière, que les troupes du Roi ont été indignement calomniées dans un libelle où on a imprimé que les escadrons de l'Allier et de la Charente avaient traversé les campagnes de l'Alsace en proférant des cris séditieux et en excitant les citoyens à la révolte. Je le répète, c'est du haut de mon tribunal que je proclame cette vérité, je demande sous ma responsabilité personnelle qu'il en soit fait mention au procès-verbal, et j'en demande acte.

L'accusé Caron se lève et dit ; quant à ma déclaration, elle a été celle-ci: l'escadron de l'Allier est arrivé à moi à la montée de Hattstatt, en criant *vive l'empereur!* On a encore crié après la harangue; mais depuis il n'a été proféré aucun cri dans la marche: je l'ai formellement défendu en passant à Rouffac où le maréchal des logis Thiers me demanda de faire crier. Cependant j'ai ajouté que comme l'arrière-garde était fort éloignée, j'ignorais ce qu'elle avait fait.

M. *de Chabannes la Palice:* j'étais bien aise de constater publiquement....

M. *le Président:* allez vous asseoir.

M. *de la Palice:* n'ayant pas entendu les témoins qui m'ont précédé....

M. *le Président:* allez vous asseoir.

M. le Président, après avoir demandé aux accusés et à leurs défenseurs s'ils ont encore quelques questions à faire aux témoins, et après avoir fait la même demande aux juges, au procureur du Roi et au capitaine rapporteur, donne la parole à M. de Fossa pour son réquisitoire.

Nous regrettons de ne pouvoir donner à nos lecteurs le

discours de M. le capitaine rapporteur, et surtout l'exorde très-éloquemment écrit, dans lequel M. de Fossa signale ces hommes pour qui les agitations sont un besoin et la liberté un masque à l'ombre du quel ils cachent leur ambition et leurs petites vanités. Ce morceau, tout écrit de verve et d'inspiration, perdrait trop à la simple analyse.

M. le capitaine rapporteur ayant conclu à la peine de mort contre Augustin-Joseph Caron et Frédéric-Dieudonné Roger conformément à l'article 1.er de la loi du 4 Nivose, la parole est donnée au défenseur de l'accusé Caron.

M.e *Liechtenberger* s'exprime en ces termes :

Messieurs,

Dans notre première plaidoierie, nous avons cherché à vous démontrer, et en cela nous n'avons pas consulté seulement l'intérêt des accusés, mais aussi les devoirs, que notre profession et nos sermens nous imposent, de défendre les principes, lorsqu'ils nous paraissent attaqués, nous avons, dis-je, cherché à vous démontrer que, si le glaive de la loi se trouve dans vos mains, ce n'est pas la loi qui l'y a placé : nous n'avons p u l'en faire tomber, nos efforts ont été vains : sur la foi d'un arrêt, vous avez persisté à vous croire compétens ; le respect que je dois à un jugement émané de vous, m'interdit toute réflexion ; mais le sort des accusés est-il devenu plus funeste ? la juridiction qu'ils ont cru devoir décliner, n'est-elle pas composée de magistrats que l'honneur anime, que l'amour de l'équité pénètre ! oui, Messieurs, en laissant subsister contre la forme tous les moyens de réclamations, vous rendrez ces réclamations sans objet, par l'arrêt que vous allez prononcer sur le fond. La bonté du jugement couvrira tous les vices de la procédure que nous vous avions signalés, et si vous avez pu croire, qu'un arrêt de renvoi liait vos consciences, vous ne partagerez du moins avec personne l'honneur d'avoir proclamé l'innocence : oui, Messieurs, l'innocence, car il me sera facile de prouver, que le prétendu crime d'embauchage imputé aux accusés, est peut-être la plus inconcevable de toutes les accusations, dont jamais les tribunaux aient retenti ; et certes, Messieurs, les moyens ne manquent pas à la défense, je crains plutôt, et c'est un nouveau motif pour moi d'en appeller à votre indulgence, je crains que mes forces ne répondent pas à la grandeur de ma tâche, qu'elles ne suffisent pas pour classer et discuter les moyens qui abondent et se pressent en foule pour opérer la justification des accusés.

D'abord, pour simplifier cette cause, pour ne pas fatiguer inutilement votre attention, je me bornerai à la seule question d'embauchage, je me contenterai de vous prouver que le lieutenant-colonel Caron, n'en est pas coupable, et je garderai un silence absolu sur les faits relatifs soit au complot, soit à tout autre délit qui serait imputé à mon client, et sur lesquels la justice ordinaire a commencé une information.

Il est bien certain, que la cour de cassation, en renvoyant les accusés devant vous, en invoquant la loi du 15 Brumaire pour base de votre compétence, a établi une ligne de démarcation entre la conspiration et l'embauchage, qu'elle a tracé le cercle dans lequel vous devez vous renfermer, et que l'unique question qui vous est soumise, est celle de l'embauchage : il est certain que vous n'avez pas à vous occuper du complot réel ou prétendu, ni d'autres faits qu'on pourrait imputer aux accusés, et que vous ne pourriez les condamner, quand le complot ou ces autres faits vous seraient démontrés, si d'ailleurs ils ne sont pas convaincus d'embauchage.

Ce principe, qui ne trouvera pas de contradicteur dans cette enceinte, étant posé, je puis commencer ma défense, que je diviserai en deux parties : dans la première, j'examinerai, si, d'après la définition que la loi donne du crime d'embauchage, les caractères constitutifs de ce crime se rencontrent dans la cause, et si en admettant comme vrais tous les faits, tels qu'ils sont présentés, ils offrent les caractères légaux de l'embauchage : j'établirai ensuite par les pièces du procès et par les débats que l'embauchage prétendu ne résultant que de faits étrangers aux accusés et ne reposant que sur les assertions mensongères et contradictoires de dénonciateurs, le juge ne peut puiser dans ces débats les élémens d'une conviction défavorable aux accusés, et que si l'embauchage pouvait exister, les accusés ne seraient pas les embaucheurs.

Ma première proposition qui se réduit à cette simple question, y a-t-il embauchage? tient évidemment encore à votre compétence : car, je le répète, la loi ne vous donne délégation que pour juger ce seul crime, et vous seriez incompétens pour prononcer sur le sort des accusés, quelle que fût votre conviction relativement à d'autres délits, dont vous les croiriez coupables.

Sous ce rapport, cette question aurait pu vous être soumise en même tems que les moyens préjudiciels, que j'ai présentés à la première audience ; mais l'examen de cette question me parut avoir une liaison tellement intime avec le fond, qu'autant pour ne pas être assujetti à une fastidieuse répétition, que pour mettre le conseil à même d'embrasser la question toute entière, et d'apprécier les observations tirées des pièces du procès et des débats, j'ai préféré remettre à cette époque de la procédure, la discussion des moyens qui doivent la résoudre. L'arrêt que vous avez déjà rendu, par lequel, sans vous arrêter aux moyens préjudiciels, vous avez ordonné, qu'il fût passé outre, n'est pas un obstacle à ce qu'examinant votre compétence sous un autre rapport, et reconnaissant que le crime, qui vous accorderait juridiction sur les accusés, s'il était constant, n'existe pas, vous ne déclariez encore votre incompétence : vous avez reconnu par votre jugement que vos pouvoirs étaient réguliers, que la qualité de non militaires, si je puis parler ainsi, n'était pas un motif pour que les accusés pussent se soustraire à votre juridiction, vous avez dit enfin que la connaissance du crime d'embauchage, momentanément distraite de vos attributions, par la loi du 18 Pluviôse an 9 et le décret de Messidor an 12, y était rentrée par l'abrogation de ces lois; mais vous reconnaissez aussi que vous ne pouvez juger les accusés que comme embaucheurs et pour fait d'embauchage, et si vous acquérez la conviction que le fait imputé aux accusés a été mal qualifié, votre incompétence pour les juger en est la conséquence nécessaire : et peu importe, à quelle époque du procès, cette conviction vienne vous saisir, que ce soit avant ou après les débats, il suffit, que ce soit avant votre sentence au fond, pour que vous puissiez, pour que vous deviez vous empresser de la proclamer, et prévenir ainsi l'irréparable malheur, d'avoir commis un assassinat judiciaire, en portant une sentence de condamnation contre des hommes, dont la loi, seule source de votre puissance, ne vous permettait pas de les frapper. Le silence même d'un accusé, qui négligerait de vous proposer ce moyen, ne vous dispenserait pas de vous abstenir, si votre incompétence vous paraissait certaine, car dans le silence de l'accusé, la loi parle, et sa voix seule doit être votre guide.

Je pourrai, Messieurs, me livrer avec sécurité à la discussion des moyens qui militent en faveur de la proposition que j'ai émise; l'objection, que pour les moyens précédens M. le Rapporteur a élevée, avec succès puisque vous l'avez accueillie, ne peut ici m'être opposée: le moyen tiré du préjugé de la cour de cassation n'existe pas ici: la cour régulatrice, en refusant l'apport des pièces qui était sollicité, en déclarant que l'examen de la question de savoir si le fait imputé aux accusés avait été qualifié légalement d'embauchage, sortait de ses attributions, la cour vous a laissé toute latitude pour faire cet examen: vous êtes donc entièrement libres pour apprécier la question.

Y a-t-il embauchage? je combattrai d'abord l'affirmative de cette proposition avec les seules armes de la loi, et sans me livrer à une discussion grammaticale sur le vrai sens du mot embauchage, c'est dans la loi du 4 nivôse an 4, et dans cette loi seule, que j'en puiserai la définition: voici ce qu'elle porte art. 2.

Sera réputé embaucheur celui qui, par argent, par des liqueurs enivrantes ou tout autre moyen, cherchera à éloigner de leurs drapeaux les défenseurs de la patrie, pour les faire passer à l'ennemi, à l'étranger ou aux rebelles.

Pesez bien, Messieurs, les termes sacramentaux de cet article: la première réflexion qu'il vous fera naitre, et qui est une conséquence nécessaire de la disposition qu'il contient, c'est que toute tentative, couronnée de succès ou non, de soulever le soldat contre ses chefs, de lui faire trahir son devoir, ou abandonner ses drapeaux, n'est pas un embauchage: pour que ce crime existe, il ne suffit pas, que le soldat séduit, ou corrompu, trahisse ses devoirs, ou consente à devenir l'instrument d'un crime quelconque: il faut que la séduction opérée sur lui ait pour but de le faire passer soit à l'étranger, soit à l'ennemi, soit aux rebelles: sans ce fait indispensable, caractéristique de l'embauchage, ce crime ne peut pas exister. Corrompre le soldat, l'engager à quitter ses drapeaux, le rendre complice d'une action répréhensible, n'est pas un acte que la loi doive laisser impuni, mais ce n'est pas un embauchage: ce crime ne résulte pas d'un fait isolé, il faut, la loi du 4 Nivose le dit clairement, il faut qu'il se rattache à un fait antérieur, à un fait certain, au dessein formel de conduire, de faire passer le soldat à l'étranger, à l'ennemi ou aux rebelles: et gardez-vous bien, Messieurs, de confondre les situations: j'admets, pour un instant, que l'accusation soit fondée, lorsqu'elle prétend que le colonel Caron a cherché à corrompre les soldats, dans l'espoir de se mettre à leur tête, et maitre une fois du terrain, de lever l'étendard de la rébellion: ce dessein attribué à l'accusé fût-il constant, je soutiens encore qu'il n'y aurait pas embauchage, et si les expressions de la loi du 4 Nivose pouvaient ne pas suffire pour dissiper tous les doutes, un autre raisonnement prouverait encore ma thèse: il n'est pas permis, sans manquer de respect à la loi, de supposer qu'elle contienne des dispositions inutiles: ce serait taxer le législateur de légèreté et d'inconséquence que de prétendre, qu'il ait décrété des dispositions qui n'auraient aucun but, et dont l'application deviendrait impossible : eh bien, Messieurs, si le fait que je viens de caractériser, celui de séduire ou d'enroler les soldats, pour se mettre à leur tête et former un noyau de rébellion, pouvait être assimilé à l'embauchage, que deviendraient les nombreux articles du code pénal de 1810, destinés à réprimer les auteurs et chefs de rébellions armées, et ceux qui, sans droit, ni motifs légitimes, s'emparent du commandement d'une troupe, crimes qui peuvent exister, qui doivent être réprimés, mais qui n'auraient certes pas appellé la sollicitude du législateur pour leur répression, s'ils pouvaient être confondus avec l'embauchage, puisque les lois que l'accusation invoque dans cette cause, avaient assuré la répression de ce crime, d'une manière efficace et certaine. Les crimes que je viens d'indiquer, abstraction faite de tous les moyens de défense de mon client, et en acceptant comme vrai, ce que les dénonciateurs ont annoncé comme tel, pouvaient, avec quelqu'apparence de raison ou du moins de vraisemblance, lui être imputés; mais ces faits, prévus par le code pénal de 1810, se trouvent dans l'attribution de la justice ordinaire; c'est elle, elle seule qui pourrait en connaitre. L'embauchage seul est soumis à votre juridiction, les autres crimes sont restés sous l'empire du droit commun. La raison de cette différence est sensible: le préambule de la loi du 4 nivose nous apprend, que c'est le double crime de disséminer les forces des défenseurs de la patrie et d'augmenter celles de ses ennemis, qui, à l'époque où cette loi fut rendue, avait appellé la sollicitude du législateur, et en effet, lorsque l'état jouit de la paix, lorsque le calme règne dans l'intérieur, le fait d'un individu qui se constitue en rébellion à l'aide de complices plus ou moins nombreux, ou qui s'empare illégalement du commandement d'une troupe, présente en ce cas, où le pouvoir est libre d'user de toutes ses forces, une chance bien plus facile pour comprimer la révolte, ou faire mettre bas les armes à une troupe qui a suivi un chef autre que le sien, et ce n'est pas seulement sur les faits en eux-mêmes, mais aussi sur le plus ou moins d'atteinte que ces faits peuvent causer à la société, qu'une bonne législation doit proportionner et les moyens de répression et les peines; mais lorsque l'état, pressé au dehors par la présence d'un ennemi, troublé au dedans par un corps de rebelles, se trouve déjà paralysé dans les moyens, qui lui sont accordés pour le maintien de l'ordre, affaiblir les ressources de l'état pour augmenter celles de l'ennemi, fournir des alimens au feu de la rébellion, est un crime d'une nature bien plus grave, et le danger de l'état peut exiger alors que le chatiment soit prompt et efficace, pour empêcher le mal de croitre et de s'étendre.

Il faut donc, pour qu'il y ait embauchage, que la séduction tentée ou opérée sur le soldat, soit pratiquée au profit d'un ennemi ou d'un corps de rebelles préexistant, et dès lors il est certain et je disais avec raison, que le colonel Caron, accusé par une dénonciation, que j'admets pour un moment comme vraie en tous ses points, accusé d'avoir voulu se mettre à la tête d'une troupe pour se constituer en rébellion, n'a pas commis un embauchage, puis qu'encore une fois, on ne l'accuse que d'avoir entraîné des soldats pour marcher avec eux et non pour les faire passer à un corps de rebelles existant : et qu'on ne vienne pas me taxer d'erreur, quand je dis, que pour être considéré comme embaucheur, il faut que l'ennemi ou les rebelles au profit de qui l'on agit, existent ou soient créés au moment où se pratiquent les manœuvres d'embauchage : l'intention du législateur, que le magistrat doit consuiter pour pouvoir sainement appliquer la loi, intention que j'ai indiquée, que le législateur a lui même déclarée dans le préambule de la loi, le démontre déjà ; bien plus, le texte même de la loi vient ajouter à l'évidence de cette vérité : sans avoir besoin d'en tirer des inductions, sans me permettre ni interprétation, ni commentaire, des expressions claires, précises et non équivoques de la loi jaillit la preuve irrécusable de ma proposition ; elle dit : *sera réputé embaucheur celui qui... cherchera à éloigner les soldats de leurs drapeaux, pour les* FAIRE PASSER *à l'étranger*, *à l'ennemi ou aux re-belles*. La mauvaise foi la plus insigne, ou l'ignorance la plus grossière de la langue française, pourraient seules permettre de ne pas convenir que des termes de la loi que je cite ne résulte pas l'évidente nécessité de la coexistence d'un ennemi ou d'un corps de rebelles au moment où les manœuvres d'embauchage sont pratiquées: en effet, que signifient en français les mots *passer à*, ne font-ils pas évidemment naître l'idée d'une jonction qui doit s'opérer? or, comment concevoir, sans tomber dans l'absurde, des embauchés se joignant à eux-mêmes, ou, ce qui serait pire encore, se joignant, à quelque chose qui n'existe pas. Voilà donc l'embauchage clairement défini, et ma définition puisée dans la loi, calquée sur ses textuelles expressions est à l'abri de toute critique: appliquons maintenant ces principes à la cause, et nous pourrons défier l'accusation, quelque secours que pûssent lui offrir, et l'art de l'interprétation, et les insinuations des dénonciateurs, d'en coordonner les faits prétendus ou prouvés, avec les caractères indispensables, pour constituer l'embauchage.

Y a-t-il embauchage au profit de l'étranger? ma réponse à cette question sera courte: dans les nombreux rapports qu'on vous a lus, dans les dépositions que vous avez entendues, il ne se rencontre aucun indice, que l'accusé ait travaillé pour l'étranger: il n'est venu à l'idée d'aucun des nombreux meneurs de cette affaire, de vous présenter le colonel Caron, comme un agent d'une puissance étrangère, chargé de la mission de recruter des hommes dans l'armée française, pour les vendre ou les céder à cette puissance, et dans cette cause, si fertile d'ailleurs en travestissemens, nul n'a songé à travestir mon client en agent diplomatique secret de quelque prince étranger.

Y a-t-il embauchage au profit de l'ennemi? on ne le soutiendra pas, on ne contestera pas l'état de paix dont la France jouit: on ne donnera pas un démenti aux assurances qu'une parole auguste donnait à la nation, au moment même où cette monstrueuse procédure s'échafaudait; on ne taxera pas de mensonge le Monarque, venant au sein des deux chambres, proclamer du haut de son trône, à la face de la France entière, que les relations de son gouvernement avec toutes les puissances étrangères étaient sur le pied le plus amical! ce n'est donc pas au profit de l'ennemi, que le prétendu embauchage aurait eu lieu, puisque la preuve la plus irrécusable, la parole royale, nous atteste, que la France n'a point d'ennemis.

Y a-t-il embauchage pour les rebelles? c'est la solution de cette question qu'il importe surtout de donner, car d'après l'arrêt de renvoi de la cour de cassation, arrêt dans lequel vous puisez votre droit de juridiction, c'est de ce crime que le colonel Caron est prévenu; ma réponse sera facile, si vous voulez, Messieurs, conserver le souvenir de mes réflexions précédentes, si vous voulez ne pas oublier, que je vous ai prouvé, que pour qu'il y ait embauchage, il est nécessaire, qu'une rébellion agissante existe au moment même, où les tentatives, pour grossir les forces de cette rébellion, pour engager les soldats à passer aux rebelles, sont pratiquées : car, et je réclame votre indulgence, Messieurs, si je me répète, mais toute la question git dans ce point, engager des soldats à quitter leurs drapeaux pour suivre le chef qui les enrôle, n'est pas un embauchage, il ne suffit pas de les enrôler, de les enrôler pour soi, fût-ce dans le but de devenir rebelle, il faut le faire dans le dessein de les faire passer aux rebelles, pour que l'embauchage puisse être déclaré constant: si, en effet, la loi avait voulu assimiler l'acte coupable que je cite, à un embauchage, le soumettre à la même juridiction et le punir des mêmes peines que l'embauchage qu'elle a si clairement défini, elle aurait dit, sera réputé embaucheur celui qui cherchera... pour les faire passer aux rebelles, ou encore, pour les rendre rebelles, pour se constituer avec eux en état de rébellion, elle se serait servie de l'une de ces locutions, d'une autre peut-être, il en est mille qui eussent rendu et clairement rendu la pensée du législateur; mais elle ne l'a point fait, elle s'est bornée à punir celui qui entraine les soldats et les faît passer aux rebelles; cependant la loi est votre unique guide, elle seule doit être consultée pour l'appréciation des faits soumis à votre jugement. Les lois pénales n'admettent pas d'inductions, elles ne permettent surtout aucune extension des termes qu'elles emploient pour qualifier les délits ou les crimes; une peine infligée à un accusé, hors des termes de la loi, n'est plus qu'un déplorable abus de la force, une coupable voie de fait, et en matière capitale, un assassinat.

Examinons donc à présent si, à l'époque de l'embauchage prétendu, il existait un corps de rebelles prêt à recevoir dans ses rangs les soldats embauchés: avant de répondre à cette question, je suis saisi d'étonnement de ce que j'aie pu être contraint à la poser. Braves habitans du Haut-Rhin, ne seriez-vous pas indignés, ne me renieriez-vous pas pour l'un de vos enfans, si je m'arrêtais longtems à réfuter ou à combattre une supposition si injurieuse pour votre caractère! Des rebelles parmi vous qui, livrés sans cesse à d'honorables travaux, n'avez d'autre but, que de cicatriser les plaies dont les deux invasions vous ont frappés, vous si affermis dans votre haine pour les dissentions civiles, si constans dans votre respect pour l'ordre public et pour les lois qui le protègent, vous, chez qui la provocation même, si elle osait se montrer, ne tournerait qu'à la honte des provocateurs, vous qui spectateurs impassibles de l'excursion du deux Juillet, avez, d'après la teneur même des rapports, paru plus surpris qu'enchantés de cette révolte apparente! où sont donc ces rebelles auxquels les prétendus embauchés devaient passer? Dans un trajet de huit lieues, fait par deux escadrons, sous un chef étranger, un seul homme eut-il l'apparence d'applaudir à la comédie de révolte que l'on jouait? un seul a-t-il tenté de se joindre à eux? un seul s'est-il présenté, auquel les deux cent révoltés bénévoles aient pu passer? et cependant, Messieurs, on n'a rien négligé pour se procurer l'occasion de passer aux rebelles que l'on cherchait! désabusé de l'espoir d'en trouver à Battenheim, l'on s'est rendu à Habsheim, on a fait des recherches dans cette com-

niune populeuse, on avait ordre d'annoncer, que le colonel
Caron, à la tête de deux cent chevaux, attendait les rebelles à Battenheim ! s'en est-il présenté un seul ? cependant,
disent les dénonciateurs, le foyer de cette rébellion flagrante,
dont la France allait être embrasée, devait se trouver à Habsheim ! plaisans rebelles, qui fuient, disparaissent ou s'éva-
nouissent devant la force imposante de trois maréchaux des
logis que ces rebelles devaient considérer comme leurs complices ! mais, dit-on, ils ont eu l'éveil ; par qui ? par le colonel Caron qui, plein de sécurité, marchait avec vous ?
par le colonel Caron, qui en vous attendant sur la grande
route, ne vous donnait certes pas à connaître, qu'il soup-
çonnât quelque perfidie ? par le colonel Caron, qui depuis
ce moment entouré de vous, épié, guetté comme une proie
que l'on s'apprêtait à dévorer, n'aurait pu dépêcher personne vers ces prétendus rebelles, quand même il eut,
en route, conçu quelques doutes sur votre sincérité ? La
police d'ailleurs est active, une réunion, même projettée
seulement, d'un certain nombre d'individus, nécessite des
allées et venues, des préparatifs, qui n'auraient pu échapper à l'œil vigilant de cette police, qui avertie d'avance,
devait faire explorer les environs et apprendre ainsi, si l'arrivée du colonel Caron y était attendue. A-t-elle trouvé le
moindre indice, le simple fondement d'une présomption
raisonnable ? non, Messieurs, votre conviction sur ce point
doit être entière, l'absence d'un semblable document aux
pièces du procès, est la preuve la plus certaine qu'il n'existe
pas. Ce dernier caractère nécessaire pour l'embauchage
n'existe donc pas plus que les deux précédens, puisque la
loi défend de déclarer embaucheur celui qui n'agit pas en
faveur d'un corps de rebelles préexistant, et qu'il serait faux
de soutenir qu'à l'époque du 2 Juillet un corps de rebelles
existât, soit dans le Haut-Rhin, soit dans une autre partie
de la France.

Ici, Messieurs, je croyais ma tâche achevée, je ne pré-
voyais pas que je serais forcé de répondre à une autre objection : elle avait été indiquée, il est vrai, dans un jour-

nal ; mais je l'avais considérée comme le rêve d'un écrivain, égaré par l'esprit de parti , ignorant la langue, et étranger à la connaissance des lois, et je n'aurais pas répondu à ce que je ne considérais que comme une divagation; mais M. le rapporteur s'est emparé de cette idée, il vous l'a présentée sérieusement ; je vais donc y répondre : on a dit; pour qu'il y ait embauchage, il ne faut pas que la rébellion que l'on veut alimenter ou fortifier, soit patente , soit déjà agissante, elle peut-être cachée, attendant, pour éclater, le moment de la consommation de l'embauchage. Examinons avec rapidité les principes : Parmi les nombreux crimes et délits politiques que le code pénal définit et qualifie avec tant de complaisance et de soin, le complot est le seul, qui sans avoir besoin de se manisfester par aucun acte extérieur, puisse être poursuivi et saisi sur la trace fugitive de la pensée : deux ou plusieurs conspirateurs , ou chefs de parti, respectivement occupés à se créer des prosélytes, décidés à unir un jour leurs forces contre le pouvoir , leur ennemi commun, si leurs projets, avant d'avoir éclaté, viennent à la connaissance de l'autorité, peuvent, dès-lors et légalement, quoique n'ayant pas agi, être poursuivis et punis comme coupables de complot; mais il répugnerait à la raison comme à la loi de les qualifier d'embaucheurs, parce que l'embauchage, dans le cas que nous avons à examiner, ne peut avoir lieu que pour les rebelles, et que le complot seul d'après la loi, et non la rébellion, réside déjà dans l'intention, dans la résolution arrêtée, sans qu'un fait matériel, un acte extérieur quelconque soit nécessaire pour lui donner le caractère du crime : or dès que la rébellion n'a pas été placée par le législateur sur la même ligne que le complot, que l'intention ou la résolution prise ne suffit pas pour rendre coupable du crime de rébellion celui qui l'a conçue, dès que ce crime, rangé dans la cathégorie des crimes ordinaires, a besoin, pour devenir un crime, d'avoir frappé les sens, de s'être manifesté par un acte matériel quelconque, (et personne ne pourra contester cette vérité,) comment pourra-t-on concevoir un embauchage pour des rebelles occultes, dont l'existence, ignorée de chacun , ne s'est manifestée d'aucune manière palpable : pour des rebelles occultes qui, aussi longtems qu'ils sont demeurés occultes, ou qu'ils n'ont pas agi , ne sont pas des rebelles ! Ainsi l'objection que je combats me fournit elle-même des armes : ne contient-elle pas, en effet, l'aveu implicite que, patens ou cachés , l'embauchage ne peut avoir lieu que pour les rebelles ? dès lors si j'ai réussi à démontrer , que la rébellion, aussi longtems que récelée dans le cœur de l'homme, elle n'y existe qu'en projet, et ne s'est révélée par aucun acte patent, n'est pas une rébellion , l'absurde système des rebelles occultes et de l'embauchage à leur profit , ne doit-il pas rentrer dans le néant, d'où le sophisme ou l'abus du raisonnement ont pu seuls le tirer. La loi, d'ailleurs d'accord avec la langue a défini la rébellion , résistance armée et ouverte à la force publique ; il n'existe pas dans notre langue deux mots plus contradictoires que ceux que l'on voudrait concilier ici pour bâtir un système , rébellion et clandestinité, et c'est sur un barbarisme que l'on veut baser une accusation capitale ! Les annales de la jurisprudence criminelle ne présentent pas un exemple d'une pareille tentative ! vous repousserez, Messieurs, une aussi absurde, une aussi fatale interprétation : si l'on pouvait créer ainsi une accusation d'embauchage, sans qu'il fût nécessaire de la rattacher à aucune circonstance extérieure et constante, il faudrait fuir les militaires comme des pestiférés : si l'on pouvait séparer l'idée d'embauchage, de celle d'un parti de rebelles organisé, au profit de qui l'embaucheur agit, un mot indiscret ou indifférent prononcé devant un soldat vous livrerait à la merci de cet homme, et quel fatal exemple ne puiserait-il pas dans la cause actuelle, si son ame était accessible à l'intérêt ou à l'ambition !

Mais allons plus loin, Messieurs, pour qu'un système aussi absurde, aussi dangereux pût être accueilli, il faudrait au moins, pour lui donner quelque crédit, que l'on pût supposer l'existence de ces rebelles d'intention , et quelqu'affreux, quelqu'atroce que serait un système qui baserait une

condamnation capitale sur une supposition , elle devrait
toujours exister, car elle seule pourrait être le premier élément de votre conviction. Or , Messieurs, seriez-vous auto-
risés à vous la permettre , dans le procès qui nous occupe?
qui vous en donnerait le droit? a-t-on apperçu dans le Haut-
Rhin quelque symptôme d'agitation , les communes que les
prétendus révoltés ont traversées ne sont elles pas demeu-
rées paisibles , la police vous fournit-elle quelques indices
sur l'existence de ces rebelles qui ne le sont pas encore ,
mais qui veulent le devenir? l'arrivée des deux escadrons
était-elle attendue ? avait-on pris quelque précaution , fait
quelques apprêts , pour les recevoir et les nourrir? non ,
une quête a été nécessaire pour acquitter la dépense faite
à Mayenheim, une quête a été nécessaire pour payer une
misérable somme de cent et quelques francs, non, encore
une fois, car, sur la question judicieuse qui lui a été faite
par un des membres du conseil, le fourrier Carré a répondu
qu'à ce même Mayenheim, lieu indiqué dès la veille comme
point de réunion des deux escadrons, lieu où devaient se
prendre les premiers rafraichissemens, il n'y avait ni pain
préparé, ni foin bottelé. Vous ne pouvez donc faire cette
supposition, vous ne pourriez pas l'accueillir sans crime ,
parce que vous n'avez aucun élément, non pour achever,
mais seulement pour commencer votre conviction ; vous
n'avez aucune présomption raisonnable pour vous guider,
et cependant des présomptions ne suffisent pas pour condamner , il faut des preuves, des preuves irrécusables et
claires comme la lumière. J'irai plus loin encore, Messieurs,
j'admettrai pour un moment, que les propos que l'on prête
au colonel Caron, et qui sont déniés par lui, soient vrais ;
j'accorde à l'accusation que mon client ait annoncé aux
quatre dénonciateurs l'existence et de ces généraux, et de
ces hommes près de la souche, et des complices de Habsheim et des affidés de Colmar: ces propos seraient certains
et évidens comme le jour qui nous éclaire, qu'ils ne prou-
veraient rien encore, si les faits ne sont pas venus justifier
et réaliser les propos : car la loi ne dit pas, sera embaucheur

celui qui tentera d'éloigner les soldats de leurs drapeaux pour les persuader ou en leur persuadant qu'ils vont passer aux rebelles, elle dit, pour les faire passer aux rebelles; d'où résulte la preuve évidente qu'il ne suffit pas, que la réunion aux rebelles soit un rêve ou un roman, mais qu'il faut que cette réunion soit sinon réelle, du moins possible: et c'est cette possibilité, et le danger qui peut en résulter pour l'état, qui, comme je l'ai déjà dit, comme le préambule de la loi du 4 Nivose le démontre, caractérisent le crime d'embauchage et en constituent la gravité.

Vous rejetterez donc, Messieurs, cet inconcevable système de rebelles occultes, système qui ne serait qu'une ridicule parodie de la loi, si les conséquences que l'on ose s'en promettre ne devaient pas être aussi funestes, vous le rejetterez non seulement parce qu'il est contraire à la loi, parce qu'il est absurde, parce qu'il est dangereux, mais encore, parce que fût-il vrai, fût-il admissible, vous ne pourriez l'accueillir ici, puisque rien n'indique, rien ne justifie que des rebelles quelconques, patens ou occultes aient pu ou dû se joindre à la troupe commandée par l'accusé, rien n'indique, rien ne justifie la probabilité d'un évènement dont l'absence suffit pour détruire la prévention d'embauchage ; vous êtes forcés de le reconnaître, vous vous empresserez de le proclamer, vous n'accréditerez pas par votre jugement, une odieuse, une abominable calomnie contre un département entier, contre une population paisible et distinguée par sa soumission aux lois; votre jugement ne signalera pas le Haut-Rhin comme le foyer d'une guerre civile actuelle ou prochaine, il n'attirera pas sur lui la méfiance ou la haine du pouvoir ; vous ne donnerez pas au gouvernement le conseil de déclarer ce département en état de siège, vous n'exposerez pas ses industrieux et tranquilles habitans aux vexations et aux angoisses qu'entraine le régime arbitraire !

A ces nombreuses réflexions, si peu susceptibles de réfutation, j'ajouterai une observation tirée du fond, elle achevera votre conviction : la jonction des deux escadrons à de prétendus rebelles était non seulement impossible, parce qu'aucuns rebelles n'existaient, elle l'était encore, parce que ce n'était pas le but du colonel Caron : quel était donc ce but ? Je ne ferai que l'indiquer ici, car je serai forcé d'y revenir plus tard, c'était la délivrance des prisonniers impliqués dans l'affaire de Belfort. Cette assertion est justifiée par la conduite entière de l'accusé : en effet, si le dessein qu'on lui prête, d'avoir voulu se constituer en état de rébellion, eût été le sien, il eut employé tous ses efforts pour grossir le noyau de la force qu'il pouvait employer : militaire distingué, l'expérience et le bon sens lui auraient appris que c'est, du premier choc, de la première levée de bouclier, que dépend le succès d'une semblable entreprise : aurait-il alors fait rester à Colmar, l'infanterie que Magnien lui offrait ? En parcourant les communes du Haut-Rhin, n'aurait-il pas cherché à se procurer des adhérens ? N'aurait-il pas fait publier des proclamations, pousser des cris séditieux ? Il ne l'a point fait, il ne l'a point tenté, il l'a empêché même, loin donc que de sa conduite puisse résulter la preuve de l'intention qu'on lui prête, elle offre la preuve certaine d'une intention, d'un but contraire.

Il n'y a donc pas embauchage, puisqu'il est avéré que le colonel Caron ne travaillait point pour l'étranger, qu'il est impossible, qu'il ait pu embaucher pour l'ennemi, qu'il n'a pas non plus embauché pour les rebelles, car il n'en existe point de patens, et la loi comme les faits de la cause vous défendent d'en supposer d'occultes. Qu'y a-t-il donc, me dira-t-on peut-être, eh ! MM., que l'on qualifie le fait imputé aux accusés, de complot, de rébellion, d'usurpation d'un commandement de troupes, de tentative de bris de prison à l'aide de violence, peu m'importe, le soin de guider l'accusation, de lui indiquer sa marche, ne m'est pas imposé, ma tâche consiste à défendre mon client, a vous démontrer qu'il n'y a pas embauchage : ma tâche se borne à cette démonstration, car dès l'instant que dans le crime imputé à l'accusé, vous ne reconnaissez pas les caractères de l'embauchage, dès cet instant, votre juridiction cesse, dès cet instant, vous devez renvoyer le procès devant les juges ordinaires, seuls compétens, pour l'apprécier et le juger.

Battue, réduite à rien quant à ce premier point, l'accusation sera-t-elle plus heureuse en cherchant à démontrer par les faits de la cause, l'existence des autres caractères qui constituent l'embauchage ? L'un des caractères nécessaires à ce crime, ce sont les moyens de séduction, de captation employés pour ébranler la fidélité du soldat; sans l'emploi de ces moyens il n'y a, il ne peut y avoir qu'un simple enrôlement: c'est la séduction qui constitue l'embauchage; de manière que toutes les fois qu'entre l'enrôleur et l'enrôlé, il n'y a pas eu de séduction employée, il n'y a pas embauchage; il est impossible que l'un ait embauché l'autre: il suffit que celui qui se cache d'un masque ait l'air d'être de la même opinion que celui que l'on prétend être l'embaucheur, pour qu'il n'y ait plus d'embauchage : Si de ce principe incontestable nous revenons à la cause, si nous en cherchons l'application dans les faits qu'elle présente, y trouverons-nous ce caractère de séduction nécessaire pour constituer le crime? Nous n'avons à cet égard à nous occuper que des quatre sous-officiers dénonciateurs ; quant aux autres, le colonel Caron ne les a jamais vus, et n'a pu dès lors les embaucher. Commençons par Gérard: examinons sa déposition : le lundi de Pentecôte il se trouvait avec Delzaive dans un cabaret à Brisac: il prétend avoir entendu une conversation entre ce sergent et l'accusé Roger, je ne le chicanerai pas en ce moment sur cette assertion, je l'admets, il a entendu cette conversation : Delzaive, peu après, rentre avec Roger; celui-ci tient à Gérard quelques propos ; que nous déclare ce témoin, *je m'empressai*, dit-il, *d'abonder dans son sens:* Le lendemain, il rend compte à ses chefs de ce qu'il a entendu : *j'en reçus l'ordre*, continue-t-il, *de voir Caron et Roger, de ne pas les arrêter, de continuer à parler dans leur sens pour découvrir toute la conspiration*, à quelle époque reçoit-il cet ordre? Avant sa première entrevue avec le colonel Caron : avant

cette entrevue, il est chargé de l'ordre, de l'ordre formel
d'abonder dans le sens des prétendus conspirateurs : on
n'a donc pu le séduire, puisqu'il n'existe point de séduction sans promesses, sans manœuvres quelconques ; toute
tentative de séduction était inutile, même impossible auprès de lui : il était aposté pour connaitre les mystères
d'une conspiration, il en fait l'aveu, il avait l'ordre d'a-
bonder dans le sens des conspirateurs, le rôle auquel il s'é-
tait soumis le contraignait dès lors à courir au devant de
leurs désirs, afin de capter leur confiance, de les engager
à le rendre dépositaire des secrets qu'il brulait de connaitre.
Les mêmes réflexions s'appliquent à Thiers et à Magnien :
Sondés, préparés, initiés par Gérard dans le ténébreux
complot ourdi contre l'accusé, dirigés également par leurs
chefs, chargés des mêmes ordres que Gérard, ils appor-
taient également à leur première conférence avec l'accusé,
une résolution tellement arrêtée de consentir à ses projets,
de condescendre à ses désirs, que, la séduction eût-elle
été dans l'intention du colonel Caron, ils lui enlevaient
même la possibilité de la tenter ; car peut-on séduire celui,
qui confesse que, par ordre, il est venu offrir son assis-
tance, qui pour obéir à cet ordre et dans l'intérêt du but
qu'il se proposait, loin de se montrer rétif à des avances
qu'on lui ferait, devait rendre les avances inutiles, paraître ardent, décidé, exagéré même, pour éloigner la méfiance, pour engager la malheureuse dupe à se livrer sans
réserve ; quant à ces trois premiers témoins, il n'existe donc
pas de séduction. Quant à Delzaive, sa position est diffé-
rente : voyons s'il est séducteur ou séduit.

Le colonel Caron avait placé son cheval dans les écuries
de Roger, et à raison de cette circonstance il lui rendait
de fréquentes visites : Delzaive en est instruit, et soit qu'à
l'aide d'un prétexte il se soit fait présenter chez Roger, soit
que le hazard seul lui ait procuré l'entrée de son manége,
il en profite ; il lie connaissance avec lui, et dans quel but,
Messieurs, non dans celui qu'il indique aujourd'hui, de lui
proposer un assaut de voltige, mais pour parvenir à con-

naître le colonel Caron ; peu content de faire près de Roger
les tentatives que cet accusé, dans sa naïve ingénuité,
avait annoncées dès l'origine de cette procédure et dont un
hazard nous a, dans l'audience d'hier, amené la preuve
inattendue, peu content de faire ces tentatives pour faire
la connaissance du colonel, il profite de son entrée dans la
prison de Colmar, où l'appelait son service, pour solliciter
des détenus, dont mon client était connu, des lettres de
recommandation pour lui : bientôt et à raison d'inconduite
ou de relations suspectes, il est changé de bataillon et envoyé à Brisac : environ quinze jours après cette époque,
Roger vient à Brisac, et l'accusation est réduite au silence
sur cette circonstance si pompeusement annoncée et si importante en effet, savoir : que ce voyage était entrepris par
Roger d'après les ordres du colonel Caron, et dans le but
de lui procurer une entrevue avec Delzaive ; Roger justifie
des motifs de son voyage, il prouve, qu'à son entrée au
cabaret, il ignorait que Delzaive y fût, il prouve que le hazard seul opéra leur rapprochement, et si une contradiction
totale règne entre ces deux individus, sur la question de
savoir , lequel des deux a fait la demande d'une entrevue,
il suffit du simple raisonnement pour convaincre que cette
demande ne pouvait partir que de Delzaive : en effet, Messieurs, Roger, loueur de chevaux, reçoit l'ordre de conduire
à Brisac le général Marcognet : rien n'indique que le colonel Caron , instruit de ce voyage, ait pu en profiter pour
s'aboucher avec Delzaive : il ne connaissait pas ce militaire,
il ne l'avait jamais vu ! Comment se persuader alors qu'il
ait pu songer à lui, en lui supposant même les desseins
qu'allègue l'accusation ! il est prouvé, qu'avant son départ
pour Brisac, Delzaive a cherché à se rapprocher du colonel
Caron, on ne soutient pas même, que mon client se soit
jamais occupé de Delzaive : Le colonel Caron avait-il intérêt à faire la connaissance de ce sergent, quels étaient ses
projets ? Les rapports des quatre sous-officiers nous les révè-
lent : ils consistaient, si non en totalité d'après l'accusation, du moins avant tout, à délivrer les détenus impli-

qués dans l'affaire de Belfort. Peut-on, dès-lors, sans taxer mon client de stupidité ou d'une déraison complette, supposer qu'il ait agi, comme Delzaive le prétend? Le projet d'enlever les prisonniers, déjà si épineux par lui-même, à raison de la surveillance qu'exerçaient les autorités et la nombreuse garnison de Colmar, un homme raisonnable pouvait-il chercher à le hérisser de plus d'obstacles encore, en recherchant des auxiliaires dans une garnison étrangère, en s'exposant ainsi aux dangers d'un siége ou aux chances d'un combat inégal contre les forces supérieures dont Colmar était garni? N'était-ce pas à Colmar, et dans la garnison de cette ville avant tout, que le colonel Caron devait chercher des créatures, sauf ensuite, si l'on veut, à demander des secours ailleurs? L'a-t-il tenté? rien ne l'indique : et l'on croira, que sans espoir de trouver un appui dans la garnison de Colmar, il se soit adressé à Delzaive, pour tenter un coup de main si périlleux? Sans être certain d'avoir des coopérateurs ou, si on veut, des complices, dans la garnison de Colmar, et dès lors sans la moindre chance de réussite, il serait allé livrer ses projets, sa liberté, sa vie peut-être, à un inconnu, à un homme si peu fait pour inspirer de la confiance! Le témoin Thiers n'a-t-il pas en effet déclaré, qu'une seule entrevue avec Delzaive lui avait suffi, pour le convaincre, que non seulement Delzaive était un homme nul, mais encore, qu'un secret ne pouvait pas lui être confié sans danger, à cause de son penchant pour l'ivrognerie! D'un autre côté, Messieurs, le colonel Caron ne pouvait certes pas croire que lui seul, aidé par Delzaive, parviendrait à mettre en fuite deux régimens et à s'emparer de la prison, et si la saine raison nous défend de supposer qu'il ait conçu une idée semblable, Delzaive était peut-être le dernier individu auquel il eut fallu s'adresser : car enfin, même en s'adressant à lui, ce n'était pas la personne de Delzaive que le colonel Caron aurait eue en vue; l'auteur d'un complot, dont le succès n'est possible qu'à l'aide d'un grand nombre de complices, s'il confie son secret, a toujours soin de ne le dé-

poser que dans les mains de personnes, qui, par leur influence, peuvent donner quelqu'extension à la conspiration;
n'est-il pas ridicule alors, abstraction faite de l'absence de
Delzaive, de son éloignement du théâtre de l'expédition,
n'est-il pas ridicule de supposer, que le colonel Caron, vieilli
dans les armées, distingué par ses connaissances militaires,
se soit adressé à un sous-officier qui récemment entré dans
un bataillon, placé dans une compagnie dont les soldats
lui étaient ou inconnus ou peu dévoués, ne pouvait pas
avoir approfondi leurs pensées, ne pouvait surtout exercer
sur eux cette influence, qu'un long commerce du sous-officier avec les soldats peut seul lui donner sur leur esprit.
D'après ces réflexions, dont la justesse ne pourra pas être con-
testée, qu'importe, qu'il y ait contradiction entre Delzaive
et Roger : lorsqu'un même fait est rapporté par deux personnes de deux manières différentes, le juge impartial s'est-
il jamais attaché, pour former sa conviction, à la version
la plus invraisemblable, à la seule des deux qui soit invraisemblable !

De ces observations résulte la conséquence que Roger
n'a pas demandé d'entrevue au nom du colonel Caron,
que c'est Delzaive au contraire qui chargea Roger de cette
mission : peu importe alors que Delzaive ait abordé mon
client de bonne foi, avec l'intention sincère de lui soumettre un plan d'enlèvement des prisonniers ou tout autre
projet, ou bien que dressant une embûche, préparant une
catastrophe au colonel Caron, il l'ait approché dans le dessein de le provoquer au crime pour le dénoncer ensuite,
peu importe, dis-je, laquelle de ces deux versions soit la
véritable, il suffit, que l'on doive croire que c'est Delzaive
qui a recherché le colonel Caron, pour que je sois fondé
à dire, Delzaive n'a pas été séduit, car on ne séduit pas
celui qui vous fait des avances : Delzaive n'a pas été séduit
davantage que les trois autres sous-officiers; or, sans séduction, sans manœuvres pratiquées pour ébranler la fidélité,
point d'embauchage, et l'on ne peut ébranler la fidélité
d'un homme qui déjà est un traitre, ou qui en a pris le
masque, au moment où il vous approche.

Ceci bien établi, je serai dispensé de m'appesantir lon-guement sur la réfutation des moyens que tire l'accusation des petites sommes d'argent que les dénonciateurs pré-tendent avoir reçues de l'accusé. Je ferai remarquer d'abord qu'à l'exception des sommes données à Gérard et à Thiers dans la soirée du premier Juillet, les autres remises d'argent sont déniées par mon client: on doit ajouter foi à sa déné-gation, parce qu'avouant un paiement, il n'a nul intérêt de nier les autres, et encore parce que de la part des témoins, notamment de Gérard, il y a contradiction entre les sommes annoncées dans les rapports et celles déclarées à l'audience; mais ces paiemens fussent-ils bien constans, bien prouvés, en résulterait-il un embauchage! Si la loi place au nombre des moyens de séduction qui caractérisent ce crime, le don ou la promesse d'une somme d'argent, faut-il en inférer que toute somme donnée ou promise suf-fise pour constituer l'embauchage? non, Messieurs, il faut encore considérer l'époque à laquelle cette promesse a été faite ou ce paiement effectué. Ce n'est pas la remise d'ar-gent ou la promesse en elle-même que la loi punit: c'est l'intention coupable de celui qui se sert de ce moyen comme d'un appât, comme d'une voie de corruption: or, peut-on prétendre qu'aucune somme ait été donnée dans ce but? quoique, d'après les rapports, les sous-officiers aient souvent parlé d'argent, aucun d'eux a-t-il déclaré s'être mis à prix, aucun d'eux a-t-il seulement osé feindre qu'il vendait ses services à deniers comptans? ne sont-ils pas unanimes sur ce point, que dès leur première entrevue avec l'accusé, et avant toute promesse ou tout paiement, ils s'étaient offerts, corps et biens, à la discrétion du colonel Caron? Le prétendu embauchage, s'il pouvait exister, n'eut-il pas été dès-lors consommé? seraient-elles à envisa-ger comme des moyens de corruption ces prétendues sommes données d'une part pour servir à la confection de cartou-ches, d'autre part, comme indeninité pour les fréquens voyages que nécessitaient les entrevues? ces sommes don-nées d'ailleurs à une époque où toute tentative d'embau-

chage était impossible, puisqu'il eut été consommé déjà,
s'il eût pu l'être? quant à celles données dans la soirée du
premier Juillet, et dont l'accusé fait l'aveu, on ne parvien-
dra pas, quelque subtile argumentation que l'on emploie,
à les présenter comme des moyens d'embauchage, en effet,
et pour ne le dire ici qu'en passant, le colonel Caron, dans
cette journée, jouait un singulier rôle pour un embaucheur,
lui qui, selon les prétendus embauchés eux-mêmes, et d'a-
près l'expression énergique de Thiers que des témoins ont
rapportée, a été contraint le pistolet sur la gorge à marcher;
ces sommes d'ailleurs n'ont pas été offertes par l'accusé,
mais accordées aux importunes sollicitations des témoins.
Elles n'ont pas été données enfin dans la vue d'un embauchage, puisque cette dernière entrevue avait pour objet
unique de fixer l'heure du départ.

Ainsi, Messieurs, point d'ennemi, point de rebelles au
profit de qui l'embauchage dût se pratiquer, point de se-
duction employée pour y parvenir, dès-lors de quels élémens du procès devra s'étayer l'accusation, sur quelle base
asseoiriez-vous votre jugement? Prétendrait-on qu'il y a
embauchage envers les deux escadrons sortis le 2 Juillet?
Quelles seraient les manœuvres d'embauchage pratiquées à
leur égard? qui les aurait embauchés? n'étaient-ils pas, le
2 Juillet encore, dans l'ignorance la plus entière, et du
prétendu complot, et de la promenade qui devait être la
dernière scène de ce drame? les sous-officiers prétendus
embauchés, les avaient-ils initiés dans le complot, les en
avaient-ils avertis? ne vante-t-on pas, et avec raison, leur
dévouement au Roi, leur fidélité? et peut-on être, en
même-tems, dévoué au Roi et rebelle, embauché et pourtant fidèle! une aussi absurde prétention ne s'évanouirait-
elle pas en entier devant l'ordre du jour du 3 Juillet? que
signifieraient en effet ces hommes *chargés* de marcher avec
les conspirateurs pour les arrêter, et néanmoins embauchés? comment concilier la *commission délicate* imposée à
ces hommes et remplie par eux avec adresse, avec des
idées d'embauchage? Le colonel Caron serait embaucheur,

et le troisième escadron a été *choisi* pour marcher avec lui, et *choisi* par le chef du régiment? ce choix, dit-on, aurait pu tomber sur toute autre partie du régiment, sans nuire au succès que l'on attendait, et ces hommes auraient été séduits par l'accusé! L'aveu seul, que les deux escadrons ont agi *par ordre* suffit pour détruire toute présomption d'embauchage, parce qu'il ne permet plus de prétendre, que l'accusé ait fait emploi de manœuvres coupables pour les déterminer, et parce qu'il prouve que l'action de ces escadrons n'est pas de son fait. Or existe-t-il en morale ou en législation un principe ou une disposition qui permette, que, par le fait d'autrui, la position d'un accusé soit aggravée? un autre commettrait une action coupable ou signalée comme telle, et j'en porterais la peine! et pour rendre ce principe plus sensible encore, je l'appuierai d'un exemple, dont l'analogie avec le fait, que je discute, me paraît frappante : dans un moment d'emportement ou de passion, je m'armerais d'un fusil, j'en menacerais un individu, un voisin officieux se jetterait sur mon arme, presserait la détente, ferait partir le coup fatal, et celui que je n'aurais que menacé, tomberait mort! je le demande à tout homme, qui veut écouter le cri de sa conscience, serais-je coupable de cet assassinat? la peine due à ce crime, pourrait-elle m'atteindre? Je crois donc que sous le rapport légal, et en égard aux faits de la cause, la question d'embauchage est jugée; votre conviction, Messieurs, doit être entière, je n'ai pas craint d'attaquer l'accusation sous toutes ses faces, et partout, si je suis parvenu à faire passer dans votre âme le sentiment qui me pénètre, j'ai dû vous démontrer, sur quels fragiles fondemens elle repose : cette conviction, à laquelle vos consciences ne peuvent se refuser, avant, comme depuis l'ouverture de ces débats, elle était partagée par toutes les personnes qui possédaient quelques notions certaines sur les détails de cette affaire : en effet, Messieurs, jettez les yeux sur l'ordre du jour du trois Juillet; ces *conspirateurs* que les chasseurs de l'Allier sont chargés d'arrêter, sont-ils des embaucheurs? y a-t-il identité entre ces deux expressions? et cependant qui mieux que M. le colonel des chasseurs, était à même d'apprécier les faits? qui mieux que lui pourrait nous apprendre de quelle nature étaient les relations de ses subordonnés avec le colonel Caron; lui qui, dépositaire de leurs confidences journalières, les avait même aidés de ses conseils, pour déjouer les projets qu'il supposait à mon client! l'idée d'un embauchage ne s'était cependant pas présentée à son esprit. Le moniteur, journal officiel, en rendant compte de ces évènemens, a-t-il qualifié les accusés d'embaucheurs? leur a-t-il imputé ce crime, en a-t-il seulement fait soupçonner l'existence? à ces autorités, j'en joindrai une autre, c'est le journal du Haut-Rhin; je ne le citerai ni comme journal, ni pour sa valeur intrinsèque, je m'empare des renseignemens qu'il me fournit, parce qu'il est certain et prouvé au procès, par la lettre de M. Sido, conseiller de Préfecture, dont vous avez entendu la lecture, que ce journal se rédige à la Préfecture, ce qui lui donne un caractère officiel. Ouvrez le numéro du 23 Juillet, vous y lisez : *ici, c'est un lieutenant-colonel, assez naïf pour se laisser séduire par des sous-officiers :* et à quelle époque la police administrative du Haut-Rhin signale-t-elle ainsi mon client à l'opinion publique? à quelle époque déclare-t-elle que le colonel Caron, ce hardi, cet adroit embaucheur, a été assez *naïf* pour se laisser *séduire?* le 22 Juillet, à un moment où les détails de l'affaire étaient publics, à un moment où la double information, ordinaire et militaire, se trouvait terminée! bien plus, Messieurs, les magistrats, dont la principale fonction consiste à se saisir, à s'emparer du crime au moment même, où il se montre, ces magistrats qui, versés dans l'étude des lois criminelles, habitués à qualifier, à classer les actions incriminées, ont donné tant de preuves de leur sagacité et de leur science, dans l'emploi de ce pouvoir que la société leur a délégué, ont-ils entrevue dans les faits de la cause les caractères de l'embauchage? n'ont-ils pas repoussé de toutes leurs forces cette abusive interprétation, que l'on voulait essayer? ne se sont-ils pas opposés, de tous leurs efforts, à ce dangereux envahissement que l'on méditait et sur leur jurisdiction, et sur le droit sacré des citoyens, d'être jugés par leurs juges naturels? Et quelle haute leçon ne contiennent pas leurs paroles lorsque, motivant leur refus de livrer les accusés au pouvoir exorbitant qui les revendiquait, ces intègres et dangereux interprètes des lois se sont écriés: *La charte ne permet pas que l'on exhume des lois révolutionnaires pour enlever, contrairement à la charte, des citoyens à leurs juges naturels!*

Et, en effet, quel homme, examinant les détails de ce procès, sans prévention et sans passion, avec cette impartialité froide et réfléchie qui convient à des magistrats, sera dupe un instant des absurdes exagérations dont l'accusation a cru devoir s'étayer pour qualifier le crime et frapper les imaginations; qui croira à ce plan de révolte, à ce vaste projet de bouleverser la France, de renverser le gouvernement; véritable roman que contredisent à chaque instant, à chaque pas, et les démarches de l'accusé et les circonstances du procès? n'est-il pas destitué de toute vraisemblance, ce dessein de soulever les campagnes, d'arborer les couleurs de la révolte, de jeter parmi les citoyens le brandon des discordes civiles? où sont les apprêts, les munitions de bouche, les sommes d'argent nécessaires non pas pour une campagne, mais pour une expédition de quelques jours seulement! c'est avec quatre-vingt francs d'une part, et quarante sols de l'autre que s'ouvre cette campagne, dont, si nous en croyons l'accusation, les destinées de la France vont dépendre! Le plan d'enlever les détenus de Colmar, n'est, dit-on, qu'un voile adroit destiné à couvrir des desseins plus vastes et plus criminels; et pour le prouver, après avoir adopté comme vraies, les fables absurdes débitées par les dénonciateurs, on s'appuie de la découverte de deux cartes géographiques trouvées dans le portefeuille du colonel Caron; on disserte longuement et à perte de vue, sur les indices graves que ces cartes doivent présenter; mais on oublie de dire, ou de rapporter la réponse

de l'accusé, réponse tellement simple, tellement juste,
qu'elle fait évanouir l'objection! les cartes des Vosges, a
dit l'accusé, m'étaient nécessaires; la chaine des Vosges est
commune aux deux départemens, et si l'on suppose que
des cartes soient utiles pour conduire une troupe, à plus
forte raison en faut-il pour se conduire en fugitif! Quoi,
le colonel Caron veut soulever les campagnes, faire,
comme le dit l'accusation, la boule de neige; et les escadrons sous ses ordres traversent en silence les communes
du département; et le témoin Thiers est forcé de convenir
qu'à Rouffac, commune populeuse, l'accusé a défendu par
ordre formel, de pousser des cris, qui auraient pu ameuter
les citoyens! à la tête de deux cents hommes dévoués, ce
chef de rebelles si décidé, qui veut renverser en quinze
jours le gouvernement, qui pour parvenir à ce but a besoin de trouver un appui dans la population, fait-il sonner
le tocsin, lire des proclamations, le voyez-vous occupé à
échauffer les esprits, travailler à séduire et à entrainer la
multitude? non, il borne tous ses efforts, à empêcher le
désordre, à maintenir la paix publique; pas un citoyen ne
reçoit d'invitation de se joindre à sa troupe, il évite même,
dans la marche, de faire naître ou de laisser s'accréditer la
présomption, que les soldats qu'il commande, n'obéissent
pas à leur chef ordinaire! Il veut soulever le département
et les secours qui lui sont offerts et par Delzaive et par
Magnien, il les refuse; aussitôt, que par les offres de Gérard et de Thiers il se croit assez fort pour tenter un coup
de main sur la prison de Colmar, il consent à laisser Delzaive hors du complot; et si, durant les entrevues, et avant
la maturité du complot, on prétendait que l'éloignement
de Delzaive eût été une mesure de prudence que dictait
le caractère indiscret de cet homme, la veille, le jour du
départ des escadrons, à un moment où l'indiscrétion devenait impossible, n'eut-il pas fait quelques efforts pour profiter du dévouement que ce sergent avait montré, ne l'eut-
il pas sommé de tenir ses promesses, et de lui fournir les
hommes qui devaient grossir sa troupe! Le colonel Caron

médité le vaste plan d'un changement de gouvernement, et il refuse d'entrer en campagne avec un corps nombreux, seule chance raisonnable du succès! pouvait-il ignorer que l'appareil qu'il allait déployer pouvait, par sa force seule, engager à se montrer les adhérens qu'il espérait trouver, leur servir de garantie et de caution pour les conséquences de la démarche qu'il attendait d'eux! Pouvait-il ignorer, qu'un commencement brillant, un coup d'éclat aurait seul assez d'autorité pour affermir les esprits faibles, pour encourager les timides, pour décider les irrésolus! non seulement, il refuse, il éloigne Delzaive, et les hommes que ce sergent se vantait de pouvoir entraîner, mais Magnien, resté fidèle au complot, Magnien qui à l'aide de son influence se disait maitre des deux compagnies d'élite du bataillon d'infanterie, Magnien reçoit l'ordre de rester à Colmar, de pénétrer s'il le pouvait dans la prison ou d'y placer un de ses affidés; afin de faciliter l'ouverture des portes et la sortie des détenus!

Mais, dit-on, la délivrance des prisonniers entrait dans les vues de l'accusé, nous l'admettons; cette première opération terminée, alors et seulement alors l'accusé déployait l'étendard de la rébellion; je prends acte de cet aveu de l'accusation, et vous verrez, Messieurs, de quelles absurdes suppositions elle est obligée de s'étayer, pour donner une couleur à son systême! à entendre le ministère public la délivrance des prisonniers n'aurait pas été le but de la prise d'armes du colonel Caron, mais un moyen de succès pour la rébellion qu'il méditait! et de quel secours pouvaient être à l'accusé vingt personnes, et comment concilier ces deux idées, que pour obtenir vingt hommes, il en eût négligé, ou laissé en arrière deux cents, dont Magnien lui disait pouvoir disposer! Si le soulèvement du département était le premier ou le principal but de l'accusé, pouvait-il, avant de l'avoir tenté, exposer les hommes qui l'entouraient à un combat avec le reste de la garnison de Colmar; courir les chances d'une défaite, ou d'une défection qu'un simple échec devait amener dans sa troupe? si la délivrance des prisonniers n'eût pas été son but unique, le soulèvement et la révolte des habitans, fait qu'il devait croire possible, puisque l'on suppose qu'il ait voulu l'essayer, n'eussent-ils pas opéré cette délivrance par la seule force des choses: et avant de faire aucune tentative sur Colmar, le plan qu'on lui prête, ne le forçait-il pas à des essais de soulèvement dont rien dans la cause ne nous fournit les indices, que toutes les circonstances démentent au contraire! Le danger des accusés de Belfort était-il tellement imminent, les secours, qu'on leur préparait, avaient-ils besoin de tant de précipitation, la sentence fatale était-elle prononcée, les bourreaux étaient-ils prêts à s'emparer de leur proie? non, ces accusés n'étaient pas jugés encore, et, comme en admettant le système de l'accusation, la simple prudence semblait l'ordonner ici, l'on pouvait ajourner leur délivrance, sans les perdre! Que l'on relise d'ailleurs les premiers rapports et l'on y verra, qu'avant qu'un plus vaste plan d'accusation ait été concerté contre le colonel Caron, et malgré les efforts que l'on a faits depuis pour rassembler les élémens de cette accusation, la preuve, du dessein de faire évader les prisonniers de l'affaire de Belfort, et de ce dessein unique, en ressort à chaque ligne; on y verra, quel degré de vraisemblance acquiert l'assertion de l'accusé qui déclare, que Delzaive, à la première entrevue, lui a fait l'offre de favoriser cette évasion.

Cette réflexion me ramène, Messieurs, à vous établir combien la déposition de ce sergent, qui d'après les moyens que j'ai déjà développés, devrait être le premier et le seul élément de votre conviction, le seul document duquel vous pourriez faire résulter l'existence d'un embauchage, combien, dis-je, cette déposition est remplie de contradictions, quelles fortes suspicions elle doit vous inspirer sur la sincérité!

Mais avant de passer à ces observations, je ferai une courte réflexion ici, sur ce qui est résulté des débats, du passage à Ensisheim : et quoique ce que l'on a cherché à vous insinuer à cet égard, soit étranger à la cause et ne tienne aucunement au prétendu embauchage, je ne puis le passer sous silence, car cela est une de ces lâches et abominables calomnies dont la malveillance n'a pas rougi de faire usage pour perdre mon client, en soulevant contre lui l'opinion de ses concitoyens! Je ne dirai qu'un mot sur ces débats si longs, élevés sur la question de savoir, de qui est parti l'ordre de prendre à gauche auprès d'Ensisheim; ces débats tenaient plus à l'amour propre du témoin Thiers qui revendiquait pour lui l'honneur du commandement, qu'à la cause même; cette prétention de Thiers se trouve d'ailleurs réfutée par les dépositions des officiers travestis, qui déclarent que le colonel Caron fit prendre à travers champs, et par celle du témoin Martinet qui affirme avoir entendu mon client donner cet ordre : mais quant à la monstrueuse supposition que l'accusé ait conçu l'idée d'attaquer la maison de détention, et d'inonder le Haut-Rhin des nombreux malfaiteurs qu'elle renferme, je la réfuterai avec les propres paroles de Thiers, qui à votre audience a cherché à lui donner quelque crédit, sans pourtant oser affirmer le fait ; voilà ce qu'il dit dans son rapport du 1.er Juillet, veille de l'exécution, où les projets étaient fixés et invariablement arrêtés: *l'ayant questionné, si notre marche se dirigeait sur Ensisheim... je le questionnai sur les prisonniers; il me répondit : fi donc, délivrer des scélérats!* ce cri sorti de l'ame de mon client, et que Thiers même n'a pas osé dissimuler, suffit pour faire tomber cette affreuse imputation, et pour fermer la bouche à ceux qui voudraient la soutenir encore!

Je reviens maintenant au témoin Delzaive : le ton seul de sa déposition, son hésitation, son embarras, les réponses évasives qu'il a fournies aux questions qui lui étaient adressées, réponses qui, plus d'une fois, ont dû rappeler à votre mémoire le *non mi ricordo*, qu'un grand procès a rendu fameux, ont dû suffire pour vous faire apprécier et juger ce témoin. Les autres témoins, d'après l'observation pleine de justesse de M. le président, *qu'ils pouvaient tout dire sans crainte, parce que leur rôle était fixé*, ont rapporté sans émotion et sans trouble les détails de leurs conversations

avec l'accusé : il était loin de montrer devant vous cette
assurance, que la certitude de ne pouvoir se compromettre
donnait aux autres témoins : il tremblait que la vérité ne
vînt à soulever un des coins du voile, et ne le signalât aux
regards de la justice comme le premier, comme l'unique
instrument de l'embauchage, si ce crime pouvait exister!
cette déposition si importante dans la cause, cette déposition, dont la vie de mon client devrait dépendre, démentie
dans plusieurs de ses points principaux, par des témoignages
irrécusables, ne l'est-elle pas dans tous les autres, par cela
seul, que, pour l'admettre, pour lui donner crédit, il faudrait
faire violence à sa raison, tant elle présente d'invraisemblance
et d'absurdités? Roger, le naïf Roger, n'a-t-il pas sans cesse
annoncé que Delzaive le tourmentait pour faire la connaissance de mon client, Delzaive n'a-t-il pas toujours dénié ce
fait, dont l'aveu n'eût pas été dangereux pour lui, si son
désir de connaître le colonel Caron, n'avait pas eu un but
coupable! la vérité de cette assertion de Roger ne vous est-
elle pas démontrée et par la déposition du témoin Hartmann,
que vous n'aviez pas fait assigner dans l'espoir d'obtenir
cette déclaration, et par celle du témoin Dublar à qui le
même Delzaive a demandé une lettre de recommandation
pour mon client? deux témoignages se réunissent pour le
confondre, et il dénie encore ! Sans doute pour motiver cette
démarche, cette inconcevable confiance envers un inconnu,
envers un sergent sans influence et sans poids, il prétendra
que dans ses relations avec Roger, il a feint du mécontentement, qu'il a laissé entrevoir qu'il se prêterait volontiers
à favoriser des manœuvres contraires au gouvernement? Non,
jamais, soutient-il, il n'a parlé politique à Roger, jamais
aucune plainte n'est sortie de sa bouche : Roger, se rend à
Brisac, il vient dans un cabaret, il y reste une heure, ne
s'informe de personne, paie son petit écot, se dispose à partir, et dans ce moment le hazard le rapproche de Delzaive,
car remarquez bien, Messieurs, que vous adoptiez la version de Roger ou celle du témoin Chaudouin, il est prouvé
que la rencontre de Roger et de Delzaive a été purement

fortuite, et Roger doit être envoyé par mon client vers Delzaive, qu'il ne recherche pas, auquel un funeste hazard seul le réunit, pour lui faire une proposition de complot et lui offrir le grade de chef de bataillon, et vos esprits ne se révoltent pas contre tant d'absurdité! et la preuve que les propositions sont parties de Delzaive, ne résultera pas de tous ces faits! Chassé de Colmar pour opinions suspectes, Delzaive a fait des propositions à mon client, de bonne foi, dans l'intention de créer un complot; et cela prouverait seulement, que ses chefs l'avaient bien jugé : il a fait ces propositions, dans l'intention, si elles étaient acceptées, de dénoncer mon client comme en étant l'auteur, et si l'on veut adopter cette version, elle peut se justifier encore par l'intérêt qu'avait Delzaive, de rentrer en grâce près de ses chefs, et par une marque éclatante de zèle, réhabiliter sa réputation. Veuillez remarquer, Messieurs, comme tout se lie dans le système de la défense, Delzaive de service à la prison de Colmar offre au lieutenant de Grometty de le faire évader, et sa première parole au rendez-vous du deux Juin est: connaissez-vous les prisonniers, il faut les sauver.

Mais une preuve plus frappante, plus certaine encore que Delzaive use de mensonge aujourd'hui, pour pallier la conduite qu'il a tenue, je la puise dans le rapport de Thiers du 26 Juin.

Il en résulte et en cela il est d'accord avec Delzaive même, qui n'a pas osé le contester, que ce n'est qu'après sa seconde entrevue avec mon client, après que Gérard avait assisté à un rendez-vous, que Delzaive a fait le premier rapport à ses chefs! mais il en résulte encore que Delzaive a fait des reproches à Gérard d'avoir dénoncé ce complot, il en résulte que Delzaive a déclaré *qu'en le dénonçant on avait manqué de le faire fusiller !* quoi, le colonel Caron a fait les premières démarches auprès de Delzaive, celui-ci ne se sent coupable que d'une réticence momentanée, d'un simple retard dans sa dénonciation, et il craint d'avoir encouru la peine de mort ! si Delzaive a été provoqué au crime par mon client, si en dénonçant les propositions dangereuses qui lui avaient été faites, il n'a fait qu'obéir à ses devoirs, d'où vient l'intérêt, qu'après l'arrestation du colonel Caron, Delzaive a montré un instant pour lui, d'où proviennent les remords dont il s'est dit dévoré, à quoi attribuer les menaces qu'il a proférées contre Gérard et Magnien ? Et si le sergent Matté dépositaire des confidences de Delzaive a refusé de rendre hommage à la vérité, s'il a pu s'écarter du devoir sacré que son serment lui imposait, par la répugnance qu'il éprouvait peut-être, de devenir l'accusateur, ou l'instrument de la perte de son camarade, le fait de ces confidences, de la conversation de Roger et de Matté, n'est-il pas attesté et prouvé par la déposition de deux témoins, que nul soupçon ne peut atteindre ? et ce fait si important, il n'a pas tenu à la défense, qu'il ne fût encore constaté d'une manière plus évidente, si cela était possible : deux témoins, Messieurs, Buchez et Paulin, dont, dès le 29 Août, nous avons requis l'assignation, et qui n'ont pas comparu, devaient l'attester encore ! il faudrait nier que la lumière nous éclaire, si l'on voulait soutenir que de ces considérations ne résulte pas la preuve, que Delzaive en impose aujourd'hui ; oui, Messieurs, je le dis, je suis animé de la conviction la plus profonde, Delzaive a fait les premières démarches auprès du colonel Caron ! Delzaive a fait les propositions, et mon client serait un embaucheur ! Pour en finir avec ce témoin, je ne rapporterai plus qu'un seul fait, et quoiqu'étranger à la cause, je le rapporte, parce qu'il résulte des débats, et qu'il donne au conseil la mesure de la confiance que les dires de Delzaive peuvent lui inspirer : trois témoins déposent que dans la prison de Colmar une quête a été faite pour lui ; ils sont d'accord et sur l'époque, et sur la somme, et sur le lieu où elle a été remise ; à une preuve si accablante, qu'oppose Delzaive, la dénégation, seul refuge, seule arme qu'il ait pu employer dans le cours de ces débats : et c'est de la déposition d'un homme, trois fois convaincu de mensonge, que la tête de deux accusés devrait dépendre ! c'est sur la foi d'un homme, trois fois

convaincu de mensonge, que vous pourriez vous charger
de cette responsabilité qui pèse sur le juge qui condamne!

A ces preuves directes qui se réunissent pour accabler
Delzaive, pour démasquer son imposture, et dévoiler sa
fausseté, j'en joindrai une autre, qui, quoique plus éloignée,
doit cependant laisser de profondes traces dans votre souvenir. Arrêtés à l'improviste, gardés à vue, conduits à Colmar, placés dans des prisons différentes, plongés au secret,
qui, pour mon client du moins, n'a cessé qu'à Strasbourg
et après la clôture des interrogatoires, enfermés dans cette
dernière ville et toujours dans deux prisons distinctes, depuis le 2 Juillet, ce n'a été que pendant leur translation,
de Colmar à Strasbourg en présence de deux gendarmes, et
aux débats, que les deux accusés ont pu se revoir : avant
ce moment, point de contact, point de communication
entre eux ; Roger vous a-t-il donné une si haute idée de
ses capacités, pour vous persuader, qu'il ait pu bâtir un
système de défense! cependant les faits qu'il a annoncés,
ces faits si puissans pour opérer la justification des accusés,
n'ont-ils pas été prouvés aux débats; bien plus, Messieurs,
ouvrez les interrogatoires des accusés, parcourez avec attention la longue série de questions qu'ils contiennent, vous
ne trouverez pas la moindre apparence d'une contradiction :
tels ils ont été dans le cours de l'information, tels, ils se
retrouvent aux débats: un fait a été annoncé, une circonstance a été indiquée par l'un des accusés, elle se retrouve
identiquement corroborée par la déclaration de l'autre.

Cette concordance, la meilleure preuve de la vérité, parceque la vérité est une et ne varie jamais, la rencontrons-nous
dans les dépositions que l'on nous oppose? et avant de
vous démontrer combien ces prétendus témoins se contredisent soit eux mêmes, soit les uns les autres, j'admettrai
avec M. le rapporteur, que des variantes légères entre
plusieurs témoins sur des circonstances peu relevantes de la
cause, ne doivent pas être jugées avec trop de sévérité ;
la défense est assez riche de moyens, pour qu'elle puisse
faire cette concession; aussi ne releverai-je pas cette longue

série d'inexactitudes; que les diverses déclarations des témoins pourraient me fournir! il me suffira de constater des contradictions, dans les faits principaux de la cause, dans les circonstances qui sont invoquées par l'accusation pour qualifier le crime, pour vous inspirer une juste et salutaire défiance contre ces dépositions, pour vous prémunir contre les conséquences que le ministère public voudrait en tirer contre les accusés. Est-elle indifférente au procès, l'entrevue de Roger avec Delzaive à Brisac le 27 Mai? la conversation que Delzaive prétend avoir eue avec cet accusé, et que Gérard affirme avoir entendue, ne contient elle pas seule tout le germe de l'accusation? cette conversation déniée par Roger, est-il probable que Gérard ait pu l'entendre, qu'il ait même eu le dessein de l'écouter? ne devrait-elle pas être prouvée avec la dernière évidence pour se racheter de cette invraisemblance dont elle porte le caractère? écoutez à présent les témoins: d'après Delzaive, c'est *dans la rue*, d'après Gérard c'est *dans la cour* de l'auberge qu'elle a eu lieu! et l'on croira qu'un tel fait, qui, par sa nature même, devait produire sur eux une si profonde impression, ne se soit pas assez gravé dans leur mémoire, pour leur enlever toute incertitude sur l'époque et le lieu où il s'est passé! aussi, sentant ce qu'une pareille prétention aurait d'incroyable, sont-ils d'accord l'un et l'autre pour affirmer, l'un que c'est *dans la rue*, l'autre que c'est *dans la cour* que les propos ont été tenus! cependant Roger ne parla point à Delzaive en deux lieux différens, Gérard et Delzaive étaient doués des mêmes sens, pour apercevoir l'endroit où ils se trouvaient, pour le reconnaitre et pour le désigner! plus tard une entrevue a lieu entre le colonel Caron, Gérard et Magnien: l'accusé que je défends désire que Gérard s'explique sur un propos que dans cette entrevue Magnien s'est permis: Gérard de crainte de se compromettre, lui ou son associé, nie avoir entendu ce propos et donne pour motif que pendant assez longtems il s'est tenu éloigné des deux interlocuteurs; un instant après, Magnien est introduit et affirme que dans ce rendez-vous Gérard ne les a pas quittés un instant. Thiers convient qu'à la hauteur de Hattstatt, l'escadron de l'Allier qu'il commandait aborda mon client aux cris de vive l'Empereur. Il déclare et en cela il est d'accord avec sept autres témoignages, que ces cris ont été proférés avant que l'escadron ne fut formé en bataille, avant que la harangue n'eut été prononcée : Magnien présent sur le lieu de la scène, Magnien soutient au contraire que l'escadron s'est borné à répondre au cri par lequel le colonel Caron termina sa harangue; et cette circonstance démentie par la déclaration unanime de huit témoins, il ne la présente ou ne la rapporte pas sous la forme du doute, il l'affirme. Mais si l'on s'obstinait à vouloir rejetter ces variations si graves, si importantes, si impossibles à concilier, sur cette fatale erreur à laquelle l'humanité est souvent assujetie, cette réponse, si vague, si peu faite pour rassurer la conscience du juge, pourra-t-on la donner encore, lors qu'infidèles à leurs propres dires, ces mêmes témoins seront convaincus de contradiction avec eux-mêmes! Pour prouver cette assertion, que je n'avance pas au hazard, je n'emploierai encore, que celles des contradictions que j'ai notées, qui, portant sur des circonstances capitales, doivent faire évanouir, dès qu'elles seront constatées, les charges que l'accusation avait puisées dans ces circonstances. Les sommes d'argent que les témoins prétendent avoir reçues du colonel Caron, ne vous ont-elles pas été présentées comme un irrécusable élément de conviction! l'embauchage qu'on lui reproche, ce crime qui ne peut exister sans que la séduction l'ait préparé, aurait-on pu l'alléguer, aurait-on pu en prononcer le nom, si l'on avait manqué encore du frèle appui que la prétendue remise de sommes d'argent, devait lui donner. Gérard prétend qu'à trois reprises différentes de l'argent lui fût donné: le colonel Caron n'avoue que le paiement fait dans la soirée du premier juillet; et si la dénégation de l'accusé ne peut totalement faire disparaitre ou anéantir l'assertion du témoin, du moins doit-elle avertir le juge de se tenir sur ses gardes, du moins suffit-elle pour imposer au juge l'obligation d'un plus mûr examen. Dans ses rapports Gérard fixe le montant de chaque don qu'il-a reçu à la somme de quarante francs, devant vous, Messieurs, il a allégué une première somme de quarante huit francs, ensuite une autre composée de quatre napoléons, et pour la dernière seule, il est demeuré d'accord avec lui même ! cependant une somme de quarante ou cinquante francs dans la bourse d'un maréchal des logis, doit opérer dans ses finances une différence assez sensible, pour qu'il ne puisse y avoir ni confusion, ni erreur : la somme reçue en elle-même, et plus encore le motif qui l'avait procurée, ne sont pas de ces événemens indifférens, dont le souvenir s'efface promptement, et vous ne concevrez pas, Messieurs, plus que je ne conçois moi-même la possibilité d'un oubli de cette nature. Fidèle à la vérité, mon client a fait l'aveu des sommes que, le premier Juillet, il a remises aux témoins : mais cet argent, que le colonel Caron n'avait pas offert, cet argent ne lui fut arraché que par les importunes sollicitations de ceux qui l'ont obtenu : interrogé sur ce fait, le témoin Thiers a formellement dénié d'avoir jamais adressé de demandes à ce sujet à l'accusé ! vainement dans les débats, lui a-t-on fait donner lecture des extraits de ses rapports des 29 Juin et 1.er Juillet ! je vais de nouveau les remettre sous vos yeux ; dans le premier il s'exprime ainsi : *pressé ensuite par moi pour les moyens pécuniaires* . . . . . . le second porte ces mots : *et des fonds vous en êtes-vous procuré ?* vainement lui a-t-on fait sentir, qu'abstraction faite de ce qui précède et suit ces phrases dans les rapports, et qui corrobore mon assertion, les expressions rapportées portaient en elles-mêmes la preuve, qu'il a insisté auprès de l'accusé pour en obtenir de l'argent, il a persisté dans sa dénégation, sans même, ce qui d'ailleurs eut été tenté vainement, sans même chercher à expliquer les phrases de ses rapports, à leur donner un sens raisonnable et en harmonie avec le nouveau systême qu'il avait adopté.

Voilà donc, Messieurs, les témoins que l'on oppose aux

accusés! car, vous ne vous laisserez pas séduire par le
prestige que ces débats ont pu offrir, de nombreux témoins
ont été entendus, il est vrai, mais hors les quatre premiers témoins, hors ceux dont je viens de vous analyser
les déclarations, les autres réduits à être les échos des premiers, n'ont pu que vous rapporter les confidences qu'ils
avaient reçues ; pour fixer votre opinion, vous n'avez que
les dires des quatre premiers témoins, c'est toujours à eux
qu'il faut revenir; ce sont les dénonciateurs qui se présentent seuls comme cautions de la dénonciation. Et voilà
les dépositions qu'on invoque pour opérer votre conviction
et la condamnation des accusés, voilà les preuves sur lesquelles doit se baser votre jugement! c'est sur la foi de
ces témoignages que vous allez prononcer : ah! Messieurs
vous qui regardez la vérité comme un des caractères distinc-
tifs de la loyauté, apanage essentiel de votre noble profession, la reconnaissez-vous au milieu de ces variations,
de ces invraisemblances, de ces contradictions, de ces dénégations? est-ce ainsi que la vérité s'exprime, qu'elle se
manifeste? non, vous ne la reconnaitrez pas à ces traits :
la vérité est une, elle n'a qu'un langage, ce n'est point
parmi les témoins, c'est sur les bans opposés, c'est dans
les paroles des accusés que vous en retrouverez les sacrés
caractères.

Mais, m'objectera-t-on peut-être, vous cherchez à élever
des doutes et des soupçons sur le compte des témoins, à
atténuer la force de leurs dépositions, et à diminuer la confiance qui leur est due, vous les attaquez bien injustement,
vous leur faites une injure bien gratuite, car enfin, où
serait leur intérêt de porter un faux témoignage, d'altérer
la vérité et de faire périr des innocens? Leur intérêt! et
si, comme tout le justifie, et ses démarches près de Roger,
et sa demande à Dublar, et son retard à faire une dénonciation, et ses reproches à Gérard et à Thiers, et ses
confidences au sergent Matté, si Delzaive eût recherché le
colonel Caron, pour lui faire la proposition de faire évader
les prisonniers, si trahi par l'indiscrétion d'un tiers, il eût

attiré sur lui l'attention de ses chefs, et qu'il lui eût fallu choisir entre ces deux partis, ou se perdre, ou dénoncer: qu'il eût préféré le dernier: alors n'avait-il pas intérêt, non seulement à déclarer le complot, mais encore à charger le tableau, en exagérant ou dénaturant le but? n'avait-il pas intérêt, pour détourner les soupçons, de grossir les objets, n'avait-il pas intérêt pour garantir sa fidélité, pour regagner la confiance, d'insinuer qu'on avait voulu le corrompre?

Leur intérêt! ces récompenses qu'ils ont obtenues, ces récompenses qu'ils attendaient peut-être, et qu'ils ont pu espérer du moins, sans rêver une chimère, les conserveraient-ils longtems, si la vérité venant à percer ce ténébreux complot, l'origine de leurs relations avec l'accusé était dévoilée?

Leur intérêt! et qu'ai-je besoin de rechercher le motif qui les a portés à altérer la vérité, à exagérer les faits, si la vérité a été altérée, si l'exagération existe: qu'ai-je besoin de prouver le motif de l'imposture, les invraisemblances, les contradictions que j'ai relevées, ne la rendentelles pas asséz patente?

Tous ces moyens, toutes ces preuves de non culpabilité, je pourrais les abondonner encore, sans que les accusés dussent succomber devant vous! il existe un fait au procès, un fait que je n'ai pas besoin de prouver, l'accusation ellemême s'est imposé cette tâche, il me suffira de l'énoncer, et devant lui tous les indices d'embauchage vont disparaitre !

N'est-il pas prouvé en effet, et d'une manière irrécusable par les aveux et les déclarations de Delzaive et de Gérard, car nous avons été dans le cas de renoncer aux dépositions des témoins assignés pour constater ce fait, qu'après les premières entrevues de mon client avec ces deux témoins, un intervalle de dix à douze jours s'est écoulé, sans que de nouveaux rendez-vous aient été ni donnés, ni recherchés par lui: n'est-il pas prouvé, que des efforts ont été faits et par Delzaive et par Gérard, pour obtenir une nouvelle entrevue : Delzaive a-t-il nié son voyage à Colmar pour y rechercher Roger, sa présence au cabaret de la veuve Kauffmann, les instances faites auprès de cette femme pour que Roger fût mandé ; Gérard n'a-t-il pas fait l'aveu de cet exprès envoyé par lui, et du billet dont il était porteur : n'a-t-il pas déclaré à votre audience que ces démarches avaient pour but de *tâcher de renouer?* Voilà donc un fait constant et bien avéré ; les entrevues avaient cessé, les dénonciateurs ont cherché à renouer : une interruption de dix à douze jours a eu lieu, et nos adversaires avouent que la première entrevue a été sollicitée, provoquée par eux ! or, qui de nous, Messieurs, la main sur sa conscience et devant Dieu, pourrait affirmer, que sans les tentatives de ces deux hommes, sans les manœuvres qu'ils ont employées, le colonel Caron eût donné suite aux projets qu'on lui avait inspirés ou qu'il avait conçus ! qui pourrait sans témérité descendre dans l'ame de l'accusé et prétendre y lire le dessein qu'il aurait eu de persévérer dans la résolution qu'on lui prête ! et si, sur ce point capital de l'accusation il n'existe que vague et qu'incertitude, quel juge pourra se déterminer à prononcer la culpabilité ! sur quoi reposerait sa sentence ! qu'en matière de crimes politiques, la dénonciation soit permise, que la loi en impose l'obligation, je l'admets, je le reconnais : mais dénoncer à la justice, livrer au glaive, celui que soi-même on a entraîné ! c'est-là ce qui confond tous les principes non seulement de la morale, mais aussi de la politique ! quoi, la justice aurait en main la preuve, on lui en fait l'aveu naïf ; qu'au lieu que ce soient les accusés qui aient employé des moyens de séduction sur les témoins, ce sont les témoins même qui en ont employé sur les accusés, et la justice pourrait frapper encore ! mais laissons là la moralité du fait, n'en exposons pas à vos regards les trop douloureuses circonstances, bornons nous à constater, à reconnaître l'existence du fait, et l'accusation sera forcée d'en subir les conséquences ! Répétons encore, il est prouvé, il est avoué, que pendant plus de dix jours le colonel Caron, avait abandonné les projets primitifs ; il est prouvé, il est avoué, qu'en consentant à reprendre le fil des négociations entamées entre lui et Delzaive, il n'a pas agi spontanément, il a cédé à des sollicitations pres santes, à des provocations perfides.

Si maintenant, Delzaive, ce témoin si suspect, cet instrument impur de l'accusation, pouvait encore obtenir de vous quelque confiance, si, malgré ses hésitations et ses mensonges, vous pouviez pencher encore à croire que la première tentative provient de l'accusé, le fait que j'établis, que j'invoque, ne ferait-il pas changer de face au procès ! quoi, l'accusé serait un embaucheur, et nous vous avons prouvé par de nombreux témoignages, que ces dénonciateurs se sont vantés eux-mêmes de l'avoir entrainé, de l'avoir décidé, de l'avoir, le pistolet sur la gorge, contraint à marcher ? Le rôle de l'embaucheur et de l'embauché sont fixés et par la loi et par le sens grammatical du mot : l'embaucheur est celui qui séduit, qui entraine, l'embauché est celui qui cède à la séduction, qui obéit à la contrainte physique ou morale que l'on emploie pour le déterminer : l'embauché est un être passif qui se borne, jusqu'au moment de l'action, à céder aux impressions qu'il reçoit ; à l'embaucheur seul est réservée la tâche d'agir, de pratiquer les manœuvres, de dresser les pièges de corruption. Le colonel Caron serait un embaucheur, et de nombreux témoins vous attestent, qu'au lieu de repousser les projets coupables qu'on lui suppose, on s'est empressé de les accueillir, de les approuver ; au lieu d'arrêter l'accusé, au lieu de le livrer à la justice pour rendre impossible l'exécution de ses projets, on raconte avec complaisance les moyens employés pour lui applanir la voie, pour faire disparaître les obstacles ! Il recule, il hésite, et comme la contrainte physique était impossible à employer envers lui, ou paraissait dangereuse aux témoins mêmes : on a recours à d'autres moyens, on s'adresse à sa loyauté, on fait un appel aux sentimens généreux qui le distinguent ; on le décide par l'aspect du tableau qu'on lui présente, des dangers que courraient les dénonciateurs eux-mêmes, qui risqueraient de se voir dénoncés par les nombreux adhérens que leurs soins ont donnés au complot. On pousse l'accusé à sa perte, on combine les moyens de la rendre inévitable, on s'applaudit des progrès que l'on fait dans ce plan abominable, et, les rapports en font foi, chaque pas que fait l'accusé vers l'échafaud, leur arrache un cri de victoire!

Mais qu'ai-je besoin de vous rappeller les témoignages que nous vous avons produits, la défense ne pourrait elle pas se passer de leur secours: les déclarations des témoins à charge ne suffisent-elles pas pour démontrer, ce que j'avance? En effet, l'arrestation du colonel Caron n'était pas le but qu'on se proposait; on ne le prétend pas du moins, et on le prétendrait en vain : car elle pouvait chaque jour, à chaque instant être opérée sans péril et sans difficulté; mon client, était-il, un de ces êtres mystérieux et inconnus, dont l'action se fait sentir, sans qu'on puisse les découvrir, ni les saisir? Non, chaque jour, plein de confiance et de sécurité, il se promenait dans les rues de Colmar, et parcourait les environs de cette ville. Aussi, et cela est avoué, ce n'est pas à sa personne que l'on en voulait principalement, ce sont les prétendus complices du colonel Caron, que l'on espérait atteindre; voilà le but de ces précautions pour éloigner de lui la méfiance, de ces plaintes que contiennent les rapports sur les mesures de surveillance employées par l'autorité, et qui pourraient faire entrevoir le piège, de ces efforts pour vaincre ses répugnances, pour mettre fin à ses hésitations! Si après la preuve, après l'aveu de manœuvres semblables, on voulait encore déclarer embaucheur celui que je défends, persister à reconnaitre les caractères de ce crime dans les faits du procès, il faudrait renoncer désormais à s'adresser à la raison humaine! Quoi, c'est l'embaucheur qui hésite, qui recule, c'est des embauchés que proviennent les efforts, les supplications d'arrêter le complot, d'en hâter l'explosion?

Si l'interruption des entrevues, l'abandon du complot ne suffisaient pas pour établir, que le colonel Caron, guidé par la réflexion, ou mu par quelqu'autre sentiment, avait formé le dessein de renoncer à tous les projets, les pages de l'information n'en contiendraient-elles pas la preuve manifeste ? Le premier Juillet, deux hommes sont apostés dans la forêt, à proximité du lieu du rendez-vous ; à quel but doivent servir ces deux hommes ! à contribuer à l'arrestation de l'accusé ? cette arrestation est donc décidée ! Le scandaleux tableau d'un homme poussé vers le crime par ceux même qui se proposent de le livrer à la justice, va donc cesser d'affliger les regards ! Non, ce projet d'arrestation n'est que conditionnel, il ne sera exécuté, que si le colonel Caron, sourd aux instances, inflexible aux prières, refuse de marcher ! des nombreuses conséquences que ce fait présenterait, je n'en tirerai qu'une seule ; c'est qu'il en résulte que l'accusé avait refusé : car, si la crainte d'un refus n'avait pas saisi les prétendus embauchés, si, fidèle au caractère de son rôle d'embaucheur, le colonel Caron fût demeuré ferme dans ses desseins, constant dans sés pratiques d'embauchage, d'où serait née l'idée, qu'il pût se retirer du complot, où se fût trouvée la nécessité de l'arrêter !

Ainsi donc, Messieurs, le colonel Caron placé entre deux abîmes, entre le crime et les cachots, poussé par l'invisible main qui s'était emparé de sa destinée, avait perdu même le pouvoir de renoncer aux projets qui avaient été conçus : ainsi donc, on lui refusait même, tant sa perte était jurée, l'amnistie que la religion et la loi accordent au repentir. Ah! Messieurs, qu'il serait dangereux pour la morale, contraire au bonheur et au repos de la société, ce système, qui dès le premier pas fait dans la carrière du mal, fermerait la porte fatale derrière le malheureux qu'un instant d'égarement y aurait poussé, ce système, qui ne laisserait plus au coupable d'autre espoir de salut que dans l'excès du crime même ! Non, ce système désastreux et désolant, ce système, qui révolte tous les cœurs honnêtes, ne prévaudra pas ! Les lois divines et humaines le défendent : et cependant, Messieurs, vous ne pourriez, sans sanctionner cet abominable principe, sans violer ces lois sacrées, déclarer maintenant que l'accusé que je défends est un embaucheur.

C'est avec raison, Messieurs, qu'au commencement de cette plaidoirie j'annonçais que la solution de la question qui vous est soumise, l'examen du procès tout entier, tenait à votre compétence; en effet, je le répéterai encore pour la dernière fois, l'embauchage seul détermine votre compétence, ce crime est le seul que vous puissiez juger. En matière criminelle, c'est à constater le fait, à trouver le corps de délit, que le magistrat doit employer ses premiers efforts; avant de déclarer un accusé coupable d'un assassinat, il faut rechercher si un assassinat a été commis! Ici, Messieurs, le véritable corps de délit, c'est l'embauchage : avant de décider que le colonel Caron est coupable du crime d'embauchage, une autre question préjudicielle doit vous occuper, savoir : y a-t-il embauchage? Comment résoudriez-vous cette question contre les accusés? Point d'ennemis, point de rebelles disposés ou destinés à profiter du prétendu embauchage, point de séduction employée pour l'opérer ; dans les débats, contradictions entre les témoins sur des circonstances principales, mensonges, invraisemblances, absurdités ! Voilà les élémens qui vous restent, voilà les fondemens rassurans d'une sentence capitale! Plus tard manœuvres perfides, provocations coupables, contrainte employée envers le prétendu embaucheur pour le déterminer au crime, voilà quels sont les faits du procès, voilà les principes dont l'accusation vous demande la sanction !

Ce n'est point, Messieurs, à des magistrats tels que vous, à des militaires animés par l'honneur et la loyauté Française, que j'ai besoin de recommander de s'élever au dessus de toute influence, de se dépouiller de toute passion, de repousser toutes les préventions au moment fatal de la délibération. C'est la tête des accusés que l'on vous demande, c'est de leur vie ou de leur mort que vous allez décider ! Quelque coupable que les accusés pussent vous paraître, si, comme j'en suis certain, vous ne pouvez déclarer, qu'ils aient commis le crime d'embauchage, vous ne pouvez les condamner : Le juge qui transgresse les limites de sa juridiction, qui outre-passe les pouvoirs qu'il tient de la loi, s'il condamne un homme qu'il n'avait pas le droit de juger, dût sa sentence atteindre un coupable, n'en commet pas moins un assassinat, oui, je le répète, un véritable assassinat, et d'autant plus odieux encore, que désastreux en morale et attaquant l'ordre public dans ses bases, un pareil fait, revêtu de la forme d'un jugement et du simulacre de la justice, usurpe le respect auquel la justice fondée sur la loi, a seule le droit de prétendre.

Après la plaidoirie du défenseur de l'accusé Caron, l'audience est suspendue pour quelques instans. Lorsque le conseil rentre en séance, M. le Président accorde la parole à M. *Marchand*, défenseur de l'accusé Roger.

Messieurs,

Je vais aborder, sans préambule, et pour ne point abuser de vos momens, la défense dont je suis chargé. Toutefois l'accusation d'embauchage étant commune à MM. Caron et Roger, et me trouvant dans la nécessité de ramener votre attention sur des faits et circonstances que le défenseur du colonel a déjà discutés, j'aurai besoin de toute votre indulgence.

La défense du sieur Roger se divise naturellement en deux parties distinctes :

D'abord, je m'occuperai de l'accusation en général : et, sous ce premier point de vue, je ne ferai qu'ajouter aux moyens, déjà développés, pour établir qu'il n'y a pas eu embauchage, et que, s'il y avait embauchage, nous ne serions point les embaucheurs.

En second lieu, j'examinerai les charges particulières que l'on veut faire peser sur Frédéric Dieudonné Roger.

Premièrement, il n'y a pas eu embauchage dans l'affaire du 2 Juillet, non plus que dans les circonstances qui l'ont précédée. Pour se convaincre de cette vérité il ne faut que jeter les yeux sur le texte de la loi qui, d'accord avec notre langue, a défini clairement l'embauchage.

L'article 2, de la loi du 4 Nivose an 4, est ainsi conçu : « Sera réputé embaucheur celui qui, par argent, par des liqueurs enivrantes, ou par tout autre moyen, cherchera à éloigner de leurs drapeaux les défenseurs de la patrie, pour les faire passer à l'ennemi, à l'étranger ou aux rebelles. » Cette disposition n'est nullement équivoque : S'il est prouvé que nous ayons voulu faire passer les chasseurs de l'Allier et ceux de la Charente à l'ennemi, à l'étranger ou aux rebelles, nous serons embaucheurs, nous ne pourrons échapper au glaive de la loi.

Mais, d'abord, Messieurs, où était donc cette armée ennemie, à laquelle auraient pu passer les escadrons de Colmar et de Brisac ? Nous ne sommes en guerre avec personne, nous n'avons point d'ennemis devant nous... Cette première proposition ne pourrait donc se soutenir.

Il en est de même de la seconde : aller de Colmar et Neufbrisach à Mayenheim et Battenheim, ce n'est point passer à l'étranger.

Reste la troisième condition exigée par la loi pour caractériser l'embauchage, et c'est en effet celle-ci que l'on met en avant ; on nous dit : vous avez voulu faire passer les chasseurs de l'Allier et de la Charente *aux rebelles*. Voilà le grand mot, Messieurs, c'est sur lui que roule toute l'accusation.

Mais il serait aussi difficile de prouver qu'il existait, le 2 Juillet, des rebelles dans le département du Haut-Rhin, que d'établir qu'une armée ennemie eût campé ce jour là auprès de Battenheim. Des rebelles ne sont point des êtres imaginaires, des fantômes qui ne se promènent que dans les ténèbres ; il faudra bien que M. le capitaine rapporteur ait la bonté de nous montrer ces rebelles auxquels eussent pu se joindre les deux escadrons de chasseurs. Jusques-là, nous soutiendrons qu'il ne peut y avoir embauchage, et, forts de la loi et du simple bonsens, nous lui dirons : Dans quelle armée prétendez-vous donc que nous ayons pu nous incorporer? Quels étaient ces rebelles, où étaient-ils, par qui étaient-ils commandés? Voilà des questions que vous devez pouvoir résoudre, puisque vous nous accusez d'avoir voulu faire passer les troupes du Roi aux rebelles.

Mais, dira-t-on, ils étaient cachés; ce ne sont point des rebelles ordinaires que les vôtres, ce sont des *rebelles occultes*... Ah! Messieurs, s'il était permis d'abuser à ce point de cette pauvre langue française que, depuis quelques années, on a si cruellement torturée, où en serions-nous? Des rebelles cachés! des rebelles occultes! Mais on n'a donc pas vu que ces deux mots hurlent de se trouver unis? Mais si vous pouvez dire des rebelles cachés, vous pourrez dire aussi des êtres invisibles qu'on aperçoit!...

Cependant on pourrait insister et après avoir dit que les rebelles étaient cachés, on pourrait ajouter : au surplus vous leur conduisiez les troupes, et il est probable que si vous eussiez poussé plus loin que Battenheim, les rebelles se fussent présentés... Nous apprécions ce raisonnement à sa juste valeur et l'insinuation qu'il renferme ne nous a point échappé. Mais qui empêchait MM. Thiers et Gérard, d'attendre le lendemain pour se porter plus loin? Rien. Ils se seraient convaincus alors que leurs espérances étaient vaines. Nous n'ignorons pas, et personne n'a de doute à cet égard, que le principal but de cette entreprise n'était pas l'arrestation du colonel Caron et de l'accusé Roger. On voulait encore essayer les campagnes, le témoin Gérard vous l'a déclaré naïvement: » Ce n'était pas M. Caron seul, que nous voulions prendre. «

Mais, encore une fois, où étaient ces rebelles? Étaient-ils à Mayenheim, où rien n'était prêt pour recevoir la troupe, *où le foin n'était pas bottelé, où les vivres n'étaient pas préparés* ?

Etait-ce l'armée des rebelles que ces trois ou quatre individus passant *en décoration* dans le village de Habsheim, la veille du 2 Juillet, si nous en croyons un propos de la fille du maire rapporté par les deux principaux témoins à charge?

Présentait-il des rebelles ce département où, selon l'expression de M. de Nicol, *le peuple paraissait plus surpris qu'enchanté de ce qu'on faisait?*

Mais s'il n'y a pas eu de rebelles, comment donc l'embauchage était-il possible? Ce crime n'a donc pas été commis? L'accusation ne repose donc sur aucun fondement?

Non, Messieurs, il n'y a pas eu, il ne peut point y avoir eu d'embauchage dans le Haut-Rhin, le 2 Juillet dernier, puisqu'il ne s'y trouvait point de rebelles, et que l'accusation elle-même est réduite à appeler à son secours des rebelles cachés, c'est-à-dire des rebelles qui n'en sont pas...

Quant au second point de ma première proposition, je soutiens qu'en admettant qu'il y ait eu embauchage, les accusés n'ont pas été les embaucheurs. Et c'est ici qu'il convient de faire à chacun sa part dans la campagne de Mayenheim et de Battenheim.

S'il y avait eu embauchage, vous le reconnaitrez, Messieurs, les embaucheurs seraient ceux qui, les premiers, ont fait des ouvertures de complot; qui constamment ont sollicité des rendez-vous mystérieux pour le combiner, qui, par tous les moyens, ont pressé d'agir; qui, enfin, au jour de l'expédition, en ont pris le commandement et ont déchiré les insignes de la fidélité. Ceux-là, dis-je, seront bien certainement les auteurs du complot, et vous ne considérerez point comme tels un homme que l'on obsède, que l'on entraîne sous la trompeuse apparence de l'aider à faire un acte d'humanité (quoiqu'il soit défendu par la loi), un homme qu'au moment de l'exécution l'on fait marcher de vive force. La différence est, il me semble, clairement indiquée, et il ne reste plus qu'à rendre à chacun le poste qu'il occupait au 2 Juillet. Le récit le plus simple, le plus véridique, et puisé uniquement dans les débats, va nous conduire à ce résultat.

Quel a été le premier agent de cette machination? C'est le sergent Delzaive. Introduit chez Roger sous un prétexte plausible, celui de faire voir son talent dans l'art de l'équitation, il le poursuit de plaintes contre ses chefs; il l'amène, en montrant le plus vif intérêt pour cet ancien officier supérieur, à lui faire connaître le colonel Caron.

Quels ont été les auxiliaires de Delzaive, et, depuis, les seuls directeurs de l'entreprise, après en avoir écarté le premier moteur? Ce sont MM. Gérard, Thiers et Magnien, alors sous-officiers, maintenant officiers.

A qui rendaient-ils compte des progrès qu'ils faisaient et de la marche du complot? A leurs capitaines respectifs, qui, à leur tour, en instruisaient le colonel de l'Allier, le lieutenant-colonel de la Charente, et le colonel du 46.ᵉ de ligne, lesquels donnaient en échange leurs instructions secrètes.

Qui a commandé les escadrons au 2 Juillet? Ce sont les sous-officiers Gérard et Thiers, le premier ayant, pour ordonnance, un capitaine déguisé, par ordre supérieur, en simple soldat. Je dis que ce sont les sous-officiers qui ont commandé, et tel est le résultat de leurs propres déclarations; le colonel Caron n'avait qu'un simulacre de commandement: ils avouent eux-mêmes dans leurs dépositions devant M. le capitaine rapporteur, que particulièrement en sortant de Mayenheim, *ils le serraient de près :* il vit bien alors, disent-ils, *qu'il ne commandait pas seul . . . . .* (ce que cependant il n'a pas vu).

Rien de cela, Messieurs, n'est hasardé, tout cela se trouve dans l'information écrite et dans les dépositions de ces témoins à charge. Et en effet si nous parcourons ces volumineux rapports faits par les sous-officiers à leurs capitaines, et par ceux-ci à leurs colonels, ainsi que leurs déclarations orales, qu'y trouvons nous?

Le 6 Mai 1822, le colonel du 46.ᵉ de ligne fait part au général Rambourgt des renseignemens fournis par Delzaive, d'après lesquels on aurait cherché *par tous les moyens* à séduire la troupe à Colmar: on aurait donné de l'argent aux militaires. Delzaive interpellé sur le nom des individus qui tentaient de séduire répond : *qu'il ne les connaît pas, qu'il y en avait tant qu'il lui serait difficile de les reconnaître.* Cette dénonciation vague fait l'objet du rapport de M. le colonel d'Arbaudmyson. A la vérité, Delzaive, interrogé sur ce fait, à votre audience, a déclaré qu'il n'avait point entendu parler de complots à Colmar, et qu'il n'avait point donné ces renseignemens. Comment s'expliquer alors le rapport du colonel et dans quel but le ferait-on figurer aux pièces du procès sous la date du 6 Mai ?...

Le 27 Juin le même officier supérieur rend compte de la tentative faite par le maréchal des logis Gérard, au café Kleber, à Colmar, pour ébranler la fidélité des sous-officiers Magnien et Thiers. Cette tentative, feinte selon son auteur, a été suivie de la confidence du complot dans toute son étendue; M. Gérard *avait jeté les yeux* sur eux pour le seconder.

Ce second rapport du colonel du 46.ᵉ est corroboré par celui du sous-officier Thiers, daté du 26 Juin, et dans lequel il est dit que *le S.ᵣ Gérard s'était chargé d'initier dans la conspiration un sous-officier d'infanterie et un de cavalerie,* ce qui avait eu lieu le 23. Pour y parvenir plus sûrement il avait dit à Thiers et à Magnien: *j'ai vu vos colonels à Brisac, ils m'ont chargé de venir vous voir pour vous inviter à feindre d'entrer dans cette conspiration, etc. — Et si nous n'obtenons point les récompenses promises par ces scélérats,* ajouta-t-il, *nous aurons au moins fait notre devoir ...*

J'avoue qu'il m'est difficile de comprendre ce dernier passage. J'ignore comment on peut allier le sentiment de son devoir avec les récompenses que l'on est disposé à accepter de ceux qu'on traite de scélérats....

Toutefois, après ces ouvertures du maréchal des logis Gérard, et toujours suivant le rapport du sous-officier Thiers, celui-ci se rendit chez son colonel *dont il reçut,* dit-il, *les instructions nécessaires pour se conduire dans cette affaire.*

On remarque, d'après la même pièce, que le S.ᵣ Gérard avait été instruit de tout par le sergent Delzaive, lequel n'en avait parlé, cependant que quinze à seize jours après qu'il en eut connaissance: »On a manqué de me faire fusiller, lui avait dit Delzaive, en parlant de cette conspiration à mon colonel; " *ce qui prouverait assez,* ajoute le S.ᵣ Thiers, *que l'intention de cet homme (Delzaive) n'était pas qu'on le sache.* Le sergent Delzaive a nié à votre audience le propos qu'il tint alors, mais il est attesté par les deux sous-officiers Thiers et Gérard, ses co-témoins à charge.

Le maréchal des logis Thiers se plaint amèrement, dans ce rapport, de ce qu'on ait initié le sergent Delzaive qu'il dit être adonné au vin. Aussi, à la première entrevue, en parla-t-il au colonel Caron, lequel, d'après le S. Thiers, aurait répondu qu'il fallait menacer Delzaive de le poignarder. Il paraît que ce mot *poignard* aurait été dit plus d'une fois dans cette conversation, car, lorsqu'il s'agissait du commandant du poste de la prison, dont on ne savait que faire, un coup de poignard fut encore mis en avant, selon le sous-officier Thiers; et alors, dit-il, *ne voyant dans mes traits aucune altération, il me fit compliment de mon sang-froid.*

Enfin M. Thiers avait demandé au colonel Caron de lui assurer ainsi qu'à son épouse, *une existence plus agréable.* C'est par là qu'il termine son rapport du 26 Juin.

Un autre rapport du S. Thiers rend compte de l'entrevue de Markolsheim, le 28. Il se plaint de ce que l'autorité a fait murer une porte de la prison qu'il prétend avoir été indiquée par le colonel Caron: *Cette mesure,* dit-il, *est totalement contraire à nos projets.* Et vous l'avez entendu, Messieurs, le sous-officier Thiers s'exprime d'une manière non équivoque. Ici, c'est NOTRE association, là, *je parvins à le persuader de notre sincérité, quoiqu'illusoire.* »Je vous »assure, mon capitaine, dit-il ailleurs, que si malgré toutes »les peines que nous pouvons nous donner, *notre entre-* »prise n'était pas couronnée du succès, etc.« — »Ce qui »me tranquillise, dit-il encore, c'est que je crois avoir »réussi *à éloigner les soupçons* de Caron.« Plus loin il parle de mille entraves que son camarade Gérard *faisait naître à plaisir.* Enfin Thiers avoue *avoir pressé le colonel Caron sur les moyens pécuniaires,* etc.

Vous le voyez, Messieurs, je ne fais que l'analyse des pièces dont vous avez entendu la lecture; ces pièces émanent de nos accusateurs-mêmes, et leurs dépositions les ont confirmées. — Continuons.

Le sergent Magnien, dans son rapport du 28 Juin, annonçait également à son capitaine le résultat du rendez-vous de Markolsheim. »Il est convenu, dit-il, que moi Magnien porterai d'avance sur la route de Rouffac son habit et son sabre (du colonel Caron).« — »C'est le S.ᵣ Thiers, ajoute-t-il, qui lui fournira les boutons pour placer à son habit, ceux qu'il a étant à la fleur de lys... « — Quant aux soupçons que, selon ces conjurés, le colonel Caron paraissait avoir conçus à l'égard de la porte murée, *il n'en fut dépersuadé*, dit Magnien, *que par les sermens qui nous liaient et que nous jurâmes de nouveau de conserver* ... — Ce rapport du sous-officier Magnien finit ainsi : »Recevez, »mon capitaine, l'assurance sincère de mon dévouement à »vous rendre compte de ce qui pourrait attenter à changer »*les bons principes* que j'ai reçus de vous.«

Le même rapport de Markolsheim, en ce qui concerne le sous-officier Gérard, a été fait par l'intermédiaire de M. le Capitaine de Nicol ; vous n'en avez point oublié les passages suivans : *c'est sur l'avis de Thiers que l'expédition fut remise au 2 Juillet.* — *Gérard insista beaucoup pour ne plus retarder, mais Thiers l'ayant touché avec le pied, il comprit le signe et n'insista plus* ... — M. de Nicol termine de la manière suivante : »Les deux maréchaux des logis avaient d'abord projeté d'arrêter Caron *dans le cas où il ne leur remettrait pas les fonds et s'il voulait encore retarder l'expédition;* mais ils ne voulurent rien décider *avant d'avoir reçu les instructions de leurs colonels* ...

Enfin, Messieurs, et pour abréger cette longue nomenclature de rapports militaires d'une nouvelle espèce, je me bornerai à vous rappeler les traits principaux de ceux qui furent rédigés par les différens sous-officiers et officiers de l'entreprise au moment et à la suite de l'expédition.

Vous avez entendu que le premier Juillet le colonel des chasseurs de l'Allier avait choisi deux sous-officiers pour l'arrestation du colonel Caron dans la forêt de Brisac au *cas où il n'eût plus paru disposé à opérer le mouvement* projeté pour le lendemain ; qu'à cette occasion le maréchal des logis Thiers écrivait : *c'est ce qui peut s'appeler reculer pour mieux sauter....;* qu'à la suite de ce dernier rendez-vous ce sous-officier fut en rendre compte au général ; que M. le Préfet reçut des mains du sergent Magnien les habits bourgeois du colonel Caron ; que plusieurs officiers du 6.ᵉ, travestis en simples chasseurs, ont fait partie de l'escadron *qui devait se joindre en apparence à l'insurgé Caron;* que la jonction du détachement de Brisac et de l'escadron de Colmar eut lieu à Mayenheim ; que des cris de *vive l'empereur! vive le colonel Caron!* furent répétés, d'abord à la montée de Hattstatt, par les sous-officiers et soldats qui, selon l'expression de MM. Aupecle et Borel de Larivière (officiers de l'Allier également déguisés en soldats), *avaient bien saisi les instructions que M. le colonel de Chabannes leur avait données à leur départ de Colmar;* que les mêmes cris furent ensuite proférés à Mayenheim ; que personne n'a répondu à ces provocations, quoique le sous-officier Thiers eût été envoyé à Habsheim, après l'arrestation du colonel Caron, pour y annoncer aux partisans de la révolte (qu'on espérait y rencontrer) que la fatigue des chevaux l'avait forcé de s'arrêter à Battenheim, et pour *persuader* (c'est l'expression du rapport) tous ses adhérens de venir se joindre à lui, . .

Tel est, Messieurs, l'extrait beaucoup trop resserré, mais fidèle, des rapports des chefs de l'entreprise, rapports qui, je le répète, ont été confirmés par leurs dépositions. Eh bien, sans leur opposer les déclarations favorables aux accusés et pour ne s'en tenir qu'aux propres dires de ces témoins à charge, où trouverez-vous les embaucheurs, si, en effet, il y a eu embauchage ?

Vous jugerez s'ils sont embaucheurs ceux à qui l'on a proposé d'entrer dans un complot ; s'ils sont embaucheurs ceux que l'on a forcés de marcher le pistolet sur la gorge ; s'ils sont embaucheurs ceux qui, en réalité, n'ont point eu de commandement, mais à qui l'on a commandé ; ceux

contre qui ont été dirigées les instructions secrètes des officiers supérieurs....

Mais, Messieurs, à quoi bon s'occuper de rechercher les
embaucheurs lorsqu'il n'y a pas eu embauchage? Nous vous
l'avons prouvé, la loi à la main, pour constituer la tentative d'embauchage, il eût fallu une armée de rebelles à
laquelle les troupes du roi eussent pu passer. Point d'ennemis, point de rebelles; point d'embauchage.

Toutefois, on pourra nous dire, si vous niez qu'il y ait
eu embauchage, comment qualifierez vous donc l'action du
2 Juillet? Nous devons nous borner à répondre que ce n'est
point à nous à la qualifier, qu'il nous suffit d'établir que
le crime qu'on nous impute n'a point été commis et que
c'est là toute notre tâche.

D'ailleurs, où vous conduirait, Messieurs, la découverte
de tel autre crime ou délit, puisque vous n'êtes appelés à
connaître que de l'embauchage? Il y aura proposition de
complot pour délivrer les prisonniers, soit de la part du colonel Caron, soit de la part des sous-officiers; il y aura, si
vous voulez, prise d'armes, commandement usurpé, promenade militaire défendue par les réglemens, ou tout autre
délit ou contravention... Que vous importe? Rien de cela
ne caractérise l'embauchage. Ce n'est donc pas à vous à
juger, ce n'est donc pas à vous à punir : vous n'avez qu'une
seule question à décider, c'est celle d'embauchage pour
les rebelles.

Et c'est ici, Messieurs, que vous vous rappellerez l'arrêt de la cour de cassation. Cet arrêt n'a point renvoyé
devant vous les accusés Caron et Roger, *parcequ'il y avait
embauchage*; elle ne les a renvoyés devant le conseil de
guerre, *que parcequ'ils étaient accusés* par M. le capitaine rapporteur du crime d'embauchage : elle a déclaré que ce n'était
pas à la cour à examiner s'il y avait eu ou non embauchage,
mais bien au conseil.

Si de ces considérations générales je passe à la discussion
des charges particulières à Roger, que devient l'accusation?

Ce sera ici, Messieurs, le lieu de relever quelques inexactitudes, pour adoucir le mot, que présentent les rapports et dépositions des sous-officiers entendus comme témoins à l'appui de cette accusation. Si, jusqu'ici, je m'en suis tenu à la lettre même de ces rapports, parce qu'ils me suffisaient pour établir qu'il n'y avait pas eu embauchage, ce n'est pas que de nombreuses variations et contradictions ne puissent s'y rencontrer. Et pour ne signaler que deux ou trois assertions qui doivent donner une idée de la vérité des autres, j'aurais demandé pourquoi le témoin Gérard, en parlant de la rencontre à l'auberge du panier fleuri, a dit que Roger avait conduit Delzaive *dans la cour*, pour lui confier son secret, quand celui-ci a dit *dans la rue*? Pourquoi devant M. le capitaine rapporteur il a dit que sa réponse au colonel Caron, à propos des officiers de son régiment, avait été: *j'en connais bien, mais je n'oserais leur parler*, tandis que, devant vous, il a dit avoir répondu à M. Caron *qu'il n'en connaissait pas*? J'aurais demandé à M. le maréchal des logis Thiers si, lorsqu'il assure qu'on usa de ménagemens envers le colonel Caron et Roger, au moment de l'arrestation à Battenheim, il est bien d'accord avec ce passage d'un autre rapport : *au signal donné, nous nous précipitâmes sur eux ; ils furent terrassés et garrotés?*...

Mais je reviens à Roger. Le simple écuyer de Colmar vous est signalé comme complice du crime d'embauchage ; on veut même faire de lui la cheville ouvrière du complot: c'est avec lui que le colonel Caron doit avoir tenté d'ébranler la fidélité des troupes, c'est avec lui qu'il se proposait d'abord la délivrance des prisonniers, et ensuite le renversement du gouvernement du roi après avoir fait la boule de neige dans les montagnes.... Examinons donc les charges qu'on fait valoir à l'appui d'une si grave accusation.

Le nom de Roger figure, pour la première fois, dans une lettre écrite, le 10 Juin 1822, par M. le commandant du 46.ᵉ de ligne à M. le général Rambourgt. D'après cette lettre, il aurait été présent, le 8, à l'entrevue du colonel Caron avec le sergent Delzaive.

Le 14 du même mois, M. d'Atverton, commandant de Brisac, informe le même général des promenades de M. Caron dans les environs de Brisac et accuse l'écuyer Roger 1.º d'avoir dressé le cheval du colonel, ce qui peut-être est fort mal, mais ce qui ne prouve pas l'embauchage; 2.º d'avoir *des intentions suspectes au dire de tous les honnêtes gens*, et d'avoir payé pour 35 francs de vin à des sous-officiers, le 27 Mai, ce qui le rendrait fort cher, car il n'en fut demandé que deux bouteilles par Roger.

Si nous en croyons les différens rapports qui ont précédé l'information écrite, Roger n'aurait pas même assisté à plusieurs entrevues du colonel Caron avec les sous-officiers Delzaive, Gerard, Magnien et Thiers; du moins telle a été la nullité de celui que je défends, dans ces différens entretiens, qu'on ne cite pas un mot de lui. Le maréchal des logis Thiers, le plus prolixe des quatre, ne l'a pas même nommé une fois dans les 18 pages in-folio qu'il a rédigées; le sergent Magnien, dans trois rapports, ne l'a nommé qu'une fois, lorsqu'il s'agissait de faire connaître à M. Céron ce que l'autorité aurait fait des prisonniers au cas où ils eussent été transférés dans un autre lieu; et, enfin, M. le capitaine de Nicol, écrivant les relations du S.ʳ Gerard et le résultat de la journée du 2 Juillet, n'a parlé de l'écuyer Roger que pour annoncer son arrestation à Battenheim, après avoir dit qu'il s'était trouvé à la queue du détachement de Brisac dans sa marche jusqu'à Mayenheim. En un mot, Roger jouait si peu un rôle quelconque dans cette provocation armée, qu'un officier de l'Allier n'en parle que comme d'un homme qu'il a à peine aperçu avant le moment de l'arrestation à Battenheim. Cet officier, M. le sous-lieutenant Aupecle, dit qu'on a aussi arrêté un nommé Roger, écuyer de Colmar, et *compagnon d'armes de Caron*. Tout à l'heure, Messieurs, je vous ferai connaître ce compagnon d'armes et sa participation dans l'affaire du 2 Juillet. Mais, avant tout, je dois m'occuper de quelques dépositions à charge. Ces dépositions font en quelque sorte un supplément aux rapports des sous-officiers, car, on y trouve des circonstances dont jusqu'alors ils n'avaient point parlé. Chose étrange! Admirable effet d'une heureuse mémoire! Ce qu'ils n'ont point écrit à l'issue des entrevues avec le colonel Caron, et au moment même de l'action, ils en ont eu le souvenir en déposant quinze, vingt jours, un mois plus tard devant M. le capitaine rapporteur. C'est ainsi que le nom de Roger se trouve plus souvent à côté de celui du colonel Caron, dans les dépositions de MM. Gérard, Thiers, Magnien et de Nicol qui, tous avaient gardé le silence sur sa coopération dans le prétendu complot du colonel Caron.

Voyons cependant la part de Roger dans cette accusation terrible et commençons par la déposition du sergent Delzaive dont elle s'appuie. Ce sous-officier déclare que le lendemain de la Pentecôte, étant à l'auberge du panier fleuri à Brisac, le S.ʳ Roger qu'il avait connu à Colmar dans son manège; y entra et alla droit à lui, qu'ils s'embrassèrent et que, lui Delzaive, ayant paru triste, Roger lui en demanda la cause. »Je lui répondis, ajoute le témoin, que j'étais contrarié de mon renvoi de Colmar.... Savez-vous, dit Roger, (c'est le sergent Delzaive qui raconte) que vous êtes heureux, vous êtes officier... De suite il ajouta, poursuit le témoin, »je viens de la part du colonel Caron, que vous avez vu une fois chez moi, dans mon manège, vous dire que si vous voulez prendre part à une affaire, vous serez chef de bataillon.«

Arrêtons nous un instant, Messieurs, à cette ouverture que le sergent Delzaive prétend lui avoir été faite par Roger:

C'est le lendemain de la Pentecôte, c'est à dire le 27 Mai, qu'il aurait été, pour la première fois, proposer à ce militaire d'entrer dans une conspiration, et il aurait débuté par ces mots: *vous êtes officier, vous serez chef de bataillon...* Où est la vraisemblance qu'un pareil propos ait été tenu par Roger, surtout quand on le dit chargé des instructions du colonel Caron! Le S.ʳ Delzaive ne dit pas que jusqu'à cette époque il eût été question d'intrigues entre Roger et lui, il n'indique pas qu'il l'ait sondé sur ses opinions; il assure même que tant qu'il fut en garnison à Colmar ils ne tinrent aucune conversation politique. Il commence par dire : le 27 Mai, Roger est venu me proposer d'entrer dans un complot et m'offrir en récompense l'épaulette de chef de bataillon. Voilà, il faut en convenir, des ouvertures un peu brusques.

Mais pourquoi donc le sergent Delzaive garde-t-il le silence sur ses relations avec Roger pendant son séjour à Colmar ? Pourquoi ne dit-il pas au moins comment il l'a connu ? Pourquoi Delzaive commence-t-il sa narration au 27 Mai ? Pourquoi, Messieurs ? Ne le savez vous pas ? Ce sous-officier avait d'excellentes raisons pour se taire sur ce qui a précédé le lendemain de la Pentecôte.

C'est Delzaive qui, présenté ou amené au manège de Roger par M. le sous-lieutenant Mercier, afin de s'assurer si le maître d'équitation était en effet capable, ce dont lui, Delzaive, se faisait fort de juger, ayant travaillé chez Franconi, c'est lui, dis-je, qui a voulu profiter de cette entrée dans la maison de Roger pour faire la connaissance du colonel Caron ; c'est lui qui, durant son séjour à Colmar, a constamment recherché Roger, l'a entretenu du mauvais traitement des militaires, des habits déchirés qu'on leur faisait porter (ce qui ne paraîtra pas surprenant de la part du sergent Delzaive qui avait reçu 20 fr. des prisonniers de Belfort pour s'acheter un pantalon ;) c'est lui qui, quinze jours après son arrivée à Brisac, écrivit à Roger pour s'excuser de ne lui avoir point fait ses adieux et l'engager à l'aller voir quand il irait à Brisac ; c'est encore lui qui avait demandé aux prisonniers de Belfort des lettres pour le colonel Caron ; c'est lui qui, enfin, sollicita le premier rendez-vous, et il le sollicitait depuis qu'il connaissait Roger...

Mais si nous reprenons la déposition de Delzaive où nous l'avons laissée, que d'invraisemblance n'y trouvons-nous pas encore ! Comment croirez-vous, messieurs, que Roger, ayant rempli sa prétendue mission auprès du S.ʳ Delzaive, qu'il connaissait, eût été de but en blanc faire les mêmes ouvertures au maréchal des logis Gérard qu'il ne connaissait pas ? Voyez avec quelle naïve maladresse Delzaive raconte ce fait évidemment controuvé. Selon lui, après lui avoir deman-

dé quel était ce sous-officier de chasseurs, Roger aurait ajouté:
„Si je savais qu'on pût lui confier un secret, *j'irais lui par-*
„*ler de suite;*" et sur la réponse que Delzaive ignorait quelle
était l'opinion du maréchal des logis, Roger se serait approché du S.ᵗ Gérard et lui aurait fait les mêmes propositions.

Cependant le sous-officier Gérard enchérit encore sur la
brusque confiance de Roger dans cette occasion: „je viens,
„lui aurait-il dit mystérieusement, de la part du colonel Ca-
„ron que vous verrez; il vous parlera de notre mission, *et*
„*vous êtes assuré d'être chef-d'escadron, les brévets sont déjà*
„*faits ....*"

Ah! messieurs, croirez-vous à tant d'absurdité! Quoi! le
colonel Caron aurait envoyé Roger à Brisac pour offrir le
grade de chef d'escadron, à qui? à un homme qu'il n'a jamais vu, que Roger ne connaît pas non plus et sur le compte
duquel il vient d'obtenir des renseignemens douteux! C'est
à un inconnu qu'il aurait été dire de la part du colonel Caron: il vous parlera de notre mission, et vous êtes assuré
d'être chef d'escadron, les brevets sont déjà faits! Et ce
qu'il aurait jeté à la tête d'un homme qu'il aperçoit pour
la première fois, il ne l'aurait dit ni à Delzaive, pendant
trois mois de séjour à Colmar (car celui-ci a déclaré qu'ils
n'avaient jamais parlé politique), ni aux sous-officiers de
chasseurs qu'il voyait fréquemment dans son manège!...

Toutefois, il n'existe pas un accord parfait entre la déposition du sergent Delzaive et celle du maréchal des logis
Gérard. Celui-ci déclare que sur un signe fait au premier
par Roger, ils sortirent de la maison et allèrent causer dans
la *cour*, et le sergent Delzaive vous a déclaré que c'était
dans la *rue*. Ce n'est pas tout: Gerard s'étant, dit-il, placé
de manière à entendre la conversation de Delzaive avec Roger, il la rapporte en des termes et avec un sens absolument différens de ceux que présente la déclaration de Delzaive. Car, d'après Gérard, Roger aurait débuté ainsi
avec le sergent des voltigeurs: „je sais que votre lieutenant-
„colonel vous a fait partir de Colmar à cause de moi; mais
„ soyez tranquille et quittez-moi *toute cette canaille.* Je viens

/de la part du colonel etc. ; " tandis que, d'après le sergent Delzaive, Roger lui aurait d'abord demandé la cause de sa tristesse et après lui avoir dit : „tu es aussi bien que là „bas," il aurait ajouté: „que vous êtes heureux, savez vous „que vous êtes officier. Je viens de la part du colonel etc."

Vous le voyez, Messieurs, (et sans vous arrêter au *tu es* et au *vous êtes* de la même phrase), les termes sont diffé-rens. Cependant tous deux déclarent rapporter fidèlement les paroles sorties de la bouche de Roger. Et quant à ce mot de *canaille* que M. le maréchal des logis Gérard assure avoir entendu, le sergent Delzaive, interpellé sur ce fait, a répondu que Roger ne lui avait dit aucune injure de ses chefs. C'est une contradiction parfaite qui doit mettre en garde contre beaucoup d'autres assertions.

J'ai insisté, Messieurs, sur cette rencontre à l'auberge du panier fleuri parce que, d'après nos accusateurs, c'est là qu'aurait commencé cette grande affaire, c'est là que les premières ouvertures auraient été faites aux sous-officiers Del-zaive et Gérard.

Je ne répèterai pas les motifs qui, le 27 Mai, avaient conduit Roger à Brisac. Le résultat des dépositions des té-moins Nachbaur, Florence et Moser, c'est que non seule-ment il y avait des affaires d'intérêt, mais encore que, ce jour là, il avait conduit à Brisac, dans sa voiture et moyen-nant salaire, M. le général Marcognet, lequel, comme on vous l'a dit, ne voyant pas revenir Roger, était parti seul et fort mécontent. Et si l'on veut ajouter à ces dépositions celles du S.r Souriceau et du témoin appelé en vertu du pou-voir discrétionnaire, à côté desquels Roger resta pendant une heure au cabaret, on verra qu'il avait bu et mangé seul avant la rencontre de Delzaive, et que même il était alors si près de son départ, qu'il avait déjà payé son repas. Certes, il en eût été autrement si Roger eût cherché Delzaive.

Ce sont encore les affaires de Roger qui l'ont fait aller à Brisac, c'est à cause d'un procès dont je ne dois pas nom-mer la partie adverse, que le dimanche 2 Juin, il y ren-contra le sous-officier Delzaive, lequel lui demanda une place dans sa voiture pour aller jusqu'au rendez-vous qu'il avait sollicité et obtenu du colonel Caron. Je sais que le S.r Delzaive a raconté ce fait à sa manière devant M. le capitaine rapporteur et devant vous; mais de quel coté trouvera-t-on le plus de vraisemblance? Il dit que Roger était venu le chercher et que pendant que celui-ci était allé à l'auberge pour atteler, lui Delzaive, prit les devants et marcha jusqu'au delà du village de Wolfgantzen. — D'une autre part Roger vous dit : je rencontrai Delzaive, en sortant de chez le menuisier Florence, qui demeure auprès de la caserne; il me dit qu'il se rendait au lieu indiqué et qu'il eût bien voulu que mes affaires eussent été terminées pour avoir une place dans ma voiture. Je répondis qu'il me restait encore beaucoup à faire; nous nous quittâmes, il se mit en route et environ une demi-heure après je partis, moi-même. Enfin je joignis Delzaive à moitié chemin entre Wolfgantzen et la forêt et il me demanda de monter avec moi. — Certainement, si, comme l'a déclaré ce sous-officier, Roger venait le chercher, s'il n'avait pris les devants que pendant que Roger allait apprêter sa voiture, celui-ci l'eût rejoint beaucoup plutôt, et Delzaive qui aurait su y avoir une place, ne serait pas allé aussi loin pour le plaisir de marcher et par une grande chaleur.

Et puisque, pour découvrir la vérité, aucune circonstance, quelque minime qu'elle soit, ne doit être négligée, je vous ferai remarquer, messieurs, que si en effet Roger eût dû être de ce premier rendez-vous, il eût été naturellement chargé des provisions de bouche. Or, vous vous souvenez que le goûter qui eut lieu dans la forêt, fut composé de jambon et de vin *sans pain*: cet oubli du principal comestible est bien plutôt le fait d'un colonel, que celui d'un écuyer accoutumé à se servir?

Mais, dit l'accusation, Roger a assisté à deux ou trois rendez-vous; il était instruit du but que l'on se proposait et par conséquent il a pris part au complot. — Oui, Messieurs, Roger a assisté à deux ou trois rendez-vous; il était instruit du but qu'on se proposait, Roger ne l'a pas nié.

Mais ce qu'il nie et ce que je soutiens être faux, c'est que malgré sa présence à ces entrevues, il ait pris part à aucun complot. Et, en effet, en quelle qualité Roger s'y trouvait-il? Il y conduisait le colonel Caron dans sa voiture et moyennant salaire; il s'est chargé de quelques commissions pour le colonel et avant tout pour le sous-officier Delzaive qui le priait de solliciter pour lui un rendez-vous de M. Caron. Voilà ce qu'il a fait dans cette conspiration. Il n'a même jamais entendu tout ce qu'on disait dans les conversations du colonel avec les sous-officiers: car, occupé de son cheval, que lui seul peut conduire et que, dans cette saison, les mouches tourmentaient, il se tenait beaucoup plus auprès de sa voiture qu'auprès des conjurés.

Mais, encore une fois, il connaissait leurs projets? — Eh oui, sans doute, il les connaissait, il l'a avoué avec franchise : il croyait qu'on voulait délivrer les prisonniers de Belfort, et vous savez que telle était effectivement l'unique intention du colonel Caron. Mais de ce que Roger ait su qu'on voulait délivrer les prisonniers de Belfort, de ce que même il ait pu faire des vœux pour le succès de l'entreprise, s'ensuit-il qu'il ait été embaucheur, qu'il ait voulu, lui écuyer Roger, faire passer les troupes du Roi aux rebelles?...

Mais, enfin, le 2 Juillet, il était avec le détachement de Brisac; il a secondé les conjurés? — Oui, Messieurs, Roger était avec le détachement de Brisac; non, Messieurs, il n'a point secondé les conjurés. Voilà ma réponse et je vais la justifier; pour cela il ne faudra que raconter les faits dans toute leur simplicité. Je vais donc aborder ce jour si mémorable dans les fastes du Haut-Rhin...

Jusqu'au 2 Juillet, Roger n'avait pas pris la moindre part directe à ce qu'on appelle la conjuration, et s'il nous fallait une preuve palpable à l'appui de cette assertion, je la trouverais dans la déposition même d'un de nos accusateurs. » J'entendis Caron parler de Roger, a dit le sergent Magnien, devant M. le capitaine rapporteur et devant vous, *comme d'un homme qu'il voulait tâcher de gagner à servir de guide à l'escadron de Neufbrisach.* « Celui dont on parle comme d'un homme qu'on veut tâcher de gagner, et seulement pour servir de guide, n'est certainement pas un initié bien actif. Et je rappellerai encore la déclaration du témoin Gerard qui vous a dit, en parlant de Roger qu'il ne s'était mêlé de rien du tout et qu'il ne voulait pas suivre le détachement.

Examinons cependant quelle a été la conduite de l'embaucheur Fréderic Dieudonné Roger dans cette grande occasion :

La veille, à un rendez-vous dans la forêt, le maréchal des logis Gérard lui avait dit qu'il fallait absolument que le lendemain il montrât le chemin à l'escadron qui devait se rendre de Brisac à Mayenheim ; Roger s'y était refusé. Le 2 Juillet, quoique vivement sollicité, par M. Caron, d'aller au moins porter ou de faire porter à Gérard l'itinéraire que devait suivre le détachement, Roger avait attendu jusqu'à deux heures sans se décider à cette démarche. Cependant, un quart-d'heure après, le colonel Caron vient et lui adresse de vifs reproches. Alors, faisant seller deux chevaux, l'un pour lui, l'autre pour son domestique, le conspirateur Roger se détermine à envoyer par ce domestique, et en lui montrant de loin son chemin, l'itinéraire dont je viens de parler.

On pensera, peut-être, que pour faire plus d'impression sur la troupe qu'il allait embaucher, Roger va se revêtir aussi d'un uniforme, qu'au moins il prendra son plus bel habit : Il garde son costume de manège, pantalon et veste de toile grise. — On croira peut-être encore que pour mieux enivrer le soldat (ce qui, d'après la loi, est un des caractères de l'embauchage,) l'écuyer Roger emportera des sommes énormes : Il possédait quarante sous, lorsqu'il fallut payer la dépense de Mayenheim...

Ah ! Messieurs, le singulier contraste entre la fin et les moyens ! On veut délivrer des prisonniers, on veut faire la guerre dans les Vosges, on veut renverser le gouvernement du Roi ; deux hommes sont à la tête de cet épouvantable complot, et l'un de ces hommes, ce compagnon d'armes du colonel Caron, ainsi qu'on l'a qualifié, lui Roger, appelé à de si hautes destinées, savez-vous comment il se prépare à l'expédition ? Il monte un cheval rétif, s'arme d'une cravache, et toute sa mission se borne à aller indiquer un chemin. Voilà l'embaucheur qui dispense les grades et fait les brévets d'avance ; voilà le conspirateur redoutable dont aujourd'hui l'on vous demande la tête !

Sans doute Roger s'est trouvé avec le détachement de Brisac, et M. le capitaine Nicol vous a dit la place qu'il y occupait : *il était à la queue*. Et encore comment s'y est-il trouvé ? Après avoir envoyé son domestique porter au sieur Gérard la note des villages par où ils devaient passer, il fut joint au coin de la forêt où il était resté par ce sous-officier qui, le sabre nu, vint au galop sur l'écuyer, armé seulement de sa cravache, et lui reprocha de se tenir à l'écart. Roger répondit qu'il avait affaire à son manège, qu'il ne se mêlait de rien et retournait à Colmar. C'est effectivement ce qu'il aurait dû faire. Mais, inquiet sur le sort de son domestique et sur les suites que pouvait avoir, pour lui-même, la mission de ce guide, Roger prit le parti de rejoindre le détachement et de chercher à ramener son malheureux domestique à Colmar. Tel ne devait pas être le résultat. Arrivé à ce qu'il appelle la colonne, on s'empara de lui, il fut entouré, complimenté, et dès ce moment il dut se regarder comme prisonnier : Le sous-officier Henry vous a déclaré que depuis que Roger se trouvait à l'arrière-garde il avait reçu l'ordre de l'empêcher de s'évader. Et, vous le voyez, Messieurs, Roger, le second commandant de cette vaste entreprise, marchait à la queue du détachement de Brisac.

Enfin, n'ayant pu prendre la fuite avec son domestique, Roger fut obligé d'aller jusqu'à Battenheim où il partagea le sort du colonel Caron : il fut lié et garroté comme lui. Et ici finit le triste rôle de celui que je défends.

Après avoir résumé les points principaux de l'accusation et des débats quant à Roger, son défenseur continue ainsi :

On a demandé à quelle époque le colonel Caron avait fait des propositions à Roger, et quand il en avait fait, lui Roger, à Delzaive: or, jamais M. Caron ne lui a fait des propositions et jamais il n'en a fait à Delzaive. Un témoin, dont la naïveté ne vous a point échappé, la veuve Kaufmann, vous a déclaré qu'un sergent (Delzaive à reconnu que c'était lui) était venu de Brisac dans son cabaret, à Colmar, et avait fait chercher Roger, que celui-ci n'ayant point été trouvé chez lui, le sous-officier en avait témoigné beaucoup de regrets; qu'enfin Roger étant venu le soir demander qui l'avait fait appeler et ayant appris que c'était ce militaire, il avait montré de l'humeur et avait dit à la veuve Kaufmann de l'envoyer au diable s'il y revenait. Ce témoignage seul prouverait suffisamment que ce n'est point Roger qui recherchait Delzaive.

Il est vrai que ce sous-officier a presque toujours répondu par des dénégations aux questions que les accusés lui ont fait faire: *non mon colonel, jamais mon colonel, c'est faux mon colonel.* Voilà en substance toutes les dépositions de Delzaive. Vous apprécierez ces réponses, Messieurs, à leur juste valeur. Vous vous demanderez si, sans se compromettre, Delzaive pouvait répondre différemment. Pour mieux juger sa véracité, je vous supplierai de vous souvenir des dépositions de MM. Thiers et Gérard qui ont rapporté cette plainte de Delzaive; „on a manqué de me faire fusiller en parlant de la conspiration à mon colonel, » ce qui prouve, dit avec raison M. Thiers, que l'intention de cet homme n'était pas qu'on le *sache.«* Si vous y ajoutez cette autre déposition de M. le colonel des chasseurs de l'Allier, dans laquelle il déclare qu'il était à sa connaissance que Delzaive avait été envoyé de Colmar à Brisac, *parce qu'entre autres motifs, il avait tenu des discours suspects,* vous aurez une idée de la moralité du témoin Delzaive.

On a remarqué que ce sous-officier se trouvait dans une singulière position; que tantôt il était ami chaud des accusés, par exemple, lorsqu'il leur montrait beaucoup d'intérêt en disant au sergent Mathey, pendant qu'ils étaient détenus à Colmar, que *c'était une infamie, que Magnien ne périrait jamais que de sa main etc.*; qu'ensuite il était leur ennemi acharné puisqu'il les chargeait tant aujourd'hui, et on a dit : c'est faire le procès du témoin Delzaive. Il n'est qu'une réponse à cela, Messieurs, c'est que la loi nous autorise à dire contre un témoin et contre son témoignage tout ce qui est dans l'intérêt de la défense, et que ce que nous avons dit du sergent Delzaive n'est que le résultat de nombreuses dépositions et notamment de celles qu'ont faites devant vous MM. Gérard, de Chabannes et Thiers.

Je pourrais m'arrêter ici, Messieurs, et terminer par cette question si facile à résoudre : en conscience, Roger est-il un embaucheur ?

Toutefois il me reste encore une considération à faire valoir ; je ne dois pas négliger la preuve la moins équivoque des intentions de Roger.

M. *Marchand* prouve, par des pièces authentiques et par les dépositions des divers témoins, que Roger était dans l'intention d'aller s'établir à Fribourg bien avant le 2 Juillet, que des démarches avaient été faites longtems avant cette époque et qu'enfin il s'y serait rendu le 3o Juin si sa voiture avait été prête ; puis il ajoute :

Si Roger voulait s'établir à Fribourg, dès le mois de Juin, il ne voulait donc pas faire la guerre dans les Vosges au mois de Juillet, il ne voulait donc pas renverser le gouvernement du Roi. . . . .

Passant à la moralité de son client, le défenseur dit :

Je pourrais d'autant moins me dispenser d'en parler qu'elle a été vivement attaquée dans cette affaire. J'ai lu, non sans étonnement, mais avec l'intention d'y répondre, un rapport du commandant de Brisac, dans lequel, sur des oui-dires, et après avoir donné à Roger les épithètes les plus injurieuses, il le signale comme un mauvais sujet noyé de dettes (ce qui ne prouve pas encore l'embauchage). Si M. le commandant eût voulu se donner la peine de baser son rapport sur quelque chose de plus solide que des *on dit*, il aurait appris que Roger avait été ruiné par les alliés, après la seconde restauration, et il se serait expliqué les dettes de celui qu'il dénonçait à l'autorité.

Ici M. *Marchand* entre dans quelques détails sur les services militaires de Roger, (il a servi dix ans dans le 11.e régiment de chasseurs), lesquels services avaient été récompensés par la perception de Biesheim qu'il a gérée pendant douze ans; il fait connaître que cette perception lui a été enlevée en 1820 , quoiqu'à cette époque il fût en avance avec le trésor, et il donne lecture des certificats les plus honorables sur la conduite de son client.

Enfin, ajoute le défenseur, n'ayant plus d'autre ressource, Roger, dont l'habitation à Biesheim, avait été dévastée en 1815, se détermina à essayer à Colmar son savoir faire dans l'équitation. Pendant plusieurs mois il y venait chaque jour de son village qui en est éloigné de trois lieues, et retournait le soir porter à sa mère et à son enfant le gain de sa journée. Le succès qu'il avait obtenu, comme écuyer, lui permit de venir s'établir à Colmar, à poste fixe; il y avait deux ans qu'il y demeurait lorsqu'on lui fit connaître le Sr Delzaive, et là, finit la prospérité de Roger. . . Depuis la détention de ce malheureux, sa mère, qu'il faisait vivre et qui est âgée de 70 ans, a dû entrer dans un hospice, et un fils de 12 ans, dont il est l'unique appui, est maintenant sous les verroux avec son père: il est venu partager le pain de la prison, c'est une grâce que cet enfant a été heureux d'obtenir, même au prix de sa liberté.

M. *Marchand* termine ainsi:

Messieurs, nous vous avons prouvé qu'il n'y avait pas eu, qu'il ne peut pas y avoir eu embauchage de la part des accusés, et qu'en supposant qu'il y eût eu embauchage, dans la journée du 2 Juillet, les accusés ne seraient point, ne pourraient être considérés comme embaucheurs. Enfin, j'espère vous avoir convaincus que la participation de Roger à aucun complot est absolument dénuée, je ne dis pas de vraisemblance, mais des moindres preuves. C'est là que doit se borner ma tâche. Votre arrêt, Messieurs, justifiera la témérité qu'on pourrait me reprocher; il suppléera à mon impuissance: il sera dicté par des consciences inaccessibles à tout autre sentiment que celui de l'honneur et de la justice.

Le capitaine rapporteur se lève pour répliquer :

Il répond aux argumens employés par les défenseurs, et réproduit à cette occasion les principaux moyens de son réquisitoire : après avoir passé en revue les moyens de la défense, qu'il déclare tous susceptibles de réfutation, il termine sa replique par une péroraison rapide, dans laquelle, après avoir de nouveau représenté le colonel Caron, comme constamment occupé de complots, et avoir cité à ce sujet l'affaire du 19 Août 1820, dans laquelle cet accusé avait figuré, il termine en invitant les membres du conseil à prononcer avec fermeté, car dit-il, l'impunité des Caron et des Roger serait un fléau, un encouragement pour tous ces êtres pervers, qui rêvent constamment la ruine du gouvernement, et la destruction des fidèles serviteurs du Roi.

M.ᵉ Liechtenberger demande et obtient de nouveau la parole.

Il résume en peu de mots ses premiers moyens, et après avoir combattu rapidement les nouvelles observations du rapporteur, il ajoute : il est un fait, Messieurs, auquel j'avais négligé de répondre ; mais on y revient, on met une sorte d'acharnement à vous le présenter ; je ne puis m'abstenir à présent d'exprimer et de faire sentir tout ce qu'a d'immoral ce système par lequel on voudrait puiser des armes dans une cause étrangère ou ancienne, pour en accabler un accusé : oui, Messieurs, l'accusé que je défends a été compris dans l'affaire du 19 Août, oui, victime d'une lâche calomnie, il a été trainé à Paris ; mais le mensonge du dénonciateur du colonel Caron a été reconnu, et mon client a été aquitté par la cour la plus auguste du Royaume ; ce fait répond à toutes les divagations.

On vous a parlé d'impunité, on a cherché à vous effrayer de cette idée : vous ne vous laisserez pas séduire par un si misérable prétexte : non, le colonel Caron, s'il est coupable, ne demeurera pas impuni, au sortir de cette enceinte, un autre juge l'attend, la société ne restera pas sans défense, et si elle a reçu quelques atteintes, elles seront réprimées par les magistrats auxquels elle a commis la garde de ses intérêts : je ne suivrai pas plus loin, M. le rapporteur, je ne chercherai pas à exciter vos passions : les passions sont un dangereux guide pour la justice. On vous a conseillé d'être fermes, moi j'en appelle à vos consciences, c'est invoquer aussi votre fermeté; votre conscience ! c'est elle seule que vous suivrez, c'est à son cri seul que vous prêterez l'oreille : cette consolante conviction me pénètre, et je cesse de craindre pour le sort des accusés.

M. le Président. La parole est au défenseur de l'accusé Roger :

M. Marchand. Je ne crois pas nécessaire de repliquer à M. le Rapporteur ; je m'en rapporte à vos consciences.

M. le président demande aux accusés s'ils ont encore quelque chose à ajouter pour leur défense.

L'accusé Caron répond négativement ; Roger se lève et répète de nouveau les détails déjà connus sur son dessein de s'établir à Fribourg ; il revient sur les observations relatées dans les débats, et desquelles doit résulter sa non participation à un complot.

M. le président demande aux membres du conseil s'ils ont des observations à faire : sur leur réponse négative, il déclare que les débats sont fermés.

On fait évacuer l'auditoire : les accusés sont reconduits à leur prison par l'escorte ordinaire.

Après une demi-heure de délibération, la séance redevient publique. Le président donne, à haute voix, lecture du jugement suivant:

Le conseil délibérant à huis clos, seulement en présence du procureur du Roi, le président a posé les questions ainsi qu'il suit;

1.re *Question.*

Le nommé Caron (Augustin-Joseph) qualifié ci-dessus, accusé d'embauchage est-il coupable ?

2.e Question.

Le nommé Roger (Frédéric-Dieudonné) qualifié ci-dessus, accusé d'embauchage est-il coupable?

3.e Question.

Le nommé Roger (Frédéric-Dieudonné) qualifié ci-dessus, est-il coupable de complicité d'embauchage?

Les voix recueillies séparément et successivement sur chaque question, en commençant par le grade inférieur, le président ayant émis son opinion le dernier, le premier conseil de guerre permanent déclare:

Sur la première question à l'unanimité que le nommé Caron (Augustin Joseph) est coupable.

Sur la deuxième question à la majorité de cinq voix contre deux que le nommé Roger (Frédéric-Dieudonné) n'est pas coupable.

Sur la troisième question à la majorité de quatre voix contre trois que le nommé Roger (Frédéric-Dieudonné) n'est pas coupable.

Sur quoi le procureur du Roi a fait son réquisitoire, tant pour l'application de la peine au premier, que pour le renvoi du second pardevant le procureur du Roi de Colmar pour être rétabli dans l'état du mandat déja décerné contre lui par le juge d'instruction de Colmar, à l'effet de la continuation de la procédure par lui commencée sur la prévention fondée sur les articles 87, 93 et autres du code pénal conformément à l'ordre d'informer et à l'arrêt de la cour de cassation du 2 Août dernier.

Les voix recueillies de nouveau par le président dans la forme indiquée ci-dessus;

Le premier conseil de guerre permanent faisant droit sur le dit réquisitoire condamne à l'unanimité le nommé Caron (Augustin Joseph) lieutenant-colonel en retraite à la peine de mort et au remboursement des frais et dépens du procès, conformément aux articles 1.er de la loi du 4 Nivose an 4 et 1.er de la loi du 18 Germinal an 7, ainsi conçus:

Article 1.er de la loi du 4 Nivose. Tout embaucheur pour l'ennemi, pour l'étranger ou pour les rebelles, sera puni de mort.

Article 1.er de la loi du 8 Germinal : Tout jugement d'un tribunal criminel, correctionnel ou de police, portant condamnation à une peine quelconque, prononcera en même tems au profit de l'état le remboursement des frais auxquels la poursuite et punition des crimes et délits auront donné lieu.

Ordonne en outre conformément à l'article 58 de l'ordonnance royale du 27 Mars 1816 que le dit Caron sera dégradé du grade d'officier de la légion d'honneur par le président, dans la forme indiquée par le dit article, ainsi conçu :

Article 58. Pour cette dégradation, le président de la cour royale, sur le réquisitoire de l'avocat général ou le président du conseil de guerre, sur le réquisitoire du rapporteur, prononcera, immédiatement après la lecture du jugement, la formule suivante : *Vous avez manqué à l'honneur ; je déclare au nom de la légion, que vous avez cessé d'en être membre.*

Et déclare que le nommé Roger (Frédéric-Dieudonné) ecuyer tenant un manège à Colmar, est déchargé de l'accusation dirigée contre lui, conformément aux articles 31 et 37 de la loi du 13 Brumaire an 5, ainsi conçus.

Article 31. Dans le cas où trois membres du conseil déclareraient que l'accusé n'est pas coupable, il sera mis sur le champ en liberté et rendu à ses fonctions.

Article 37. Dans le cas prévu par l'article 31 ci-dessus le procès verbal sera terminé par le renvoi ou la décharge d'accusation et la mise en liberté du prévenu, clos et signé comme il vient d'être dit.

Le conseil déclare en outre que le dit Roger (Frédéric-Dieudonné) sera mis à la disposition du procureur du Roi près le tribunal civil de Colmar aux fins indiquées ci-dessus.

Ordonne l'impression, l'affiche et la distribution du présent jugement au nombre de six cents exemplaires.

Enjoint au capitaine rapporteur de lire de suite le présent jugement tant au condamné qu'à l'acquitté en présence de la garde assemblée sous les armes, d'avertir le premier que la loi lui accorde un délai de vingt quatre heures pour se pourvoir en révision, et, au surplus, de faire exécuter le dit jugement dans tout son contenu.

Ordonne en outre, qu'il en sera envoyé, dans les délais préscrits par l'article 39 de la loi du 13 Brumaire an 5, à la diligence du président et à celle du rapporteur, une expédition, tant à son Excellence le ministre de la guerre, qu'au général commandant la division.

M. le président. La séance est levée.

CONSEIL DE RÉVISION.

Audience du 30 Septembre 1822.

A huit heures du matin, la séance est ouverte.

Le conseil se compose de

MM. le maréchal de camp baron BILLARD, *Président.*

— MOUTON, colonel du 40.ᵉ régiment de ligne,

— DE FALQUAIRE, chef d'escadron au 4.ᵉ régiment d'artillerie légère,

— DOUTRELEINE, capit.ᵉ au 40.ᵉ de ligne, *Rapporteur,*

— BEAUJOUR, capitaine attaché à l'état-major,

Juges.

— GERMAIN, sous-intendant militaire, *Procureur du Roi.*

M.ᵉ LIECHTENBERGER, défenseur du lieutenant-colonel CARON est présent à la séance.

La parole est accordée à M. le rapporteur : il déclare que le pourvoi a été formé dans le délai utile, et conclut à ce que le conseil procède à la révision.

Le greffier reçoit l'ordre de donner lecture des pièces.

La première de ces pièces est une lettre par laquelle M. le lieutenant-général vicomte Pamphile de Lacroix, nomme pour remplir les fonctions de président, juges et procureur du Roi près le conseil de révision, savoir :

MM. le maréchal de camp baron BILLARD, en remplacement de M. le maréchal de camp baron BOULARD ;

— le colonel MOUTON, en remplacement de M. BERTHIER, colonel d'artillerie ;

— DE FALQUAIRE, en remplacement de M. MÉNISSIER, chef d'escadron du génie ;

— BEAUJOUR, en remplacement de M. DESCOMBES, capitaine au 3.ᵉ de ligne ;

— GERMAIN, en remplacement de M. STOUHLEN, sous-intendant militaire.

M. *le rapporteur*. Comme parmi les pièces du procès, il en est un grand nombre qui ne seront pas invoquées par M. le défenseur, pour fonder ses moyens de révision; comme la lectnre de ces pièces ne pourrait que prolon.ger inutilement cette audience, nous demandons, du consentement de M. le défenseur, que la lecture des pièces se borne à celles qui se rapportent directement à l'information ou à l'instruction.

M.e Liechtenberger déclare consentir à la mesure proposée par M. le rapporteur.

Le greffier donne ensuite lecture des pièces qui lui sont indiquées; cette lecture est achevée à dix heures.

M. *le Président*. Le rapporteur a la parole.

M. le rapporteur déclare que l'examen de la procédure ne lui a fait connaître aucune nullité, aucun vice qui pût motiver l'annullation du jugement, il conclut à ce qu'il soit confirmé, se réservant de répondre aux moyens qui seraient plaidés par le défenseur.

La parole est donnée à M.e Liechtenberger.

Après un court exorde, cet avocat reproduit les moyens sur lesquels, à l'audience du dix-neuf Septembre, il avait fondé sa demande en renvoi des accusés devant les juges ordinaires: il développe à ce sujet les principes fondés sur la loi, et les appuie de nombreux raisonnemens et d'exemples tirés de la jurisprudence; il ajoute ensuite: je viens de vous démontrer que le conseil de guerre était sans pouvoir pour juger, je vais établir maintenant, qu'il a mal jugé.

L'article 16 de la loi du 18 Vendémiaire an VI. prévoit et établit les cas où les conseils de révision sont tenus d'annuller les jugemens qui leur sont déférés, il porte:

1.º *Lorsque le conseil de guerre n'a pas été formé de la manière prescrite par la loi.* La loi du 13 Brumaire an V., après avoir donné aux généraux commandans les divisions le droit de nommer les membres du conseil de guerre, leur interdit, (art. 5) la faculté de les révoquer ou de les changer, *après l'arrestation des prévenus ou l'information commencée.* Le but de cet article est de garantir les prévenus contre les abus du pouvoir exécutif, son esprit tend à les rassurer contre des changemens de juges opérés dans la vue de les perdre: avant les délits, dans *l'ignorance* des prévenus qui se préparent à devenir criminels, la composition du conseil est ce qu'elle doit être, impartiale, mais dès que les délinquans sont connus, il ne peut dépendre de l'autorité de choisir des juges spéciaux.

Or, deux membres du conseil, le président et le procureur du Roi, ont été changés. Mais de ce que le changement du président a été opéré le 25 Juin, avant l'arrestation du prévenu, résulte-t-il que la loi n'a pas été violée? On ne contestera point qu'au 25 Juin, le délit de Caron, quoique non manifesté publiquement, n'ait été *connu* de l'autorité militaire. Dès le 27 Mai, les rapports faits par les dénonciateurs signalaient le colonel Caron comme provoquant à la désertion, ou comme machinateur de complot, ou comme embaucheur: dans le sens de l'autorité, le crime de l'accusé préexistait au 2 Juillet, et les événemens du 2 Juillet n'eussent-ils pas éclaté, on n'en pouvait pas moins le poursuivre pour le commencement d'exécution, qui, on le répète, était à la parfaite connaissance de l'autorité militaire. De là la conséquence, que par le changement du président, opéré le 25 Juin, l'esprit de la loi a été méconnu; mais elle a été violée aussi dans son texte: en effet à cette époque *l'information était commencée:* les rapports des dénonciateurs remontent au 27 Mai: ces rapports, outre le récit des discours tenus par l'accusé, rendent compte des avis et des conseils que recevaient les dénonciateurs de l'autorité militaire, pour se diriger dans leurs relations avec lui: ces rapports tiennent à l'information, car ils ont figuré et figurent encore comme pièces du procès: informer, c'est chercher à constater un délit; les avis donnés aux dénonciateurs et dont leurs rapports font foi, n'avaient-ils pas ce but?

Ces principes se rapportent plus directement encore au procureur du Roi, dont le changement n'a eu lieu que

13 *

depuis que la cause est pendante. Dira-t-on que la défense du changement ne concerne que *les membres du conseil*, parmi lesquels on ne doit pas comprendre ce fonctionnaire? Si la loi du 13 Brumaire laisse quelques doutes sur cette question, il n'est pas moins vrai, que le procureur du Roi n'est pas en dehors du conseil, mais en fait partie intégrante, quoiqu'il ne juge pas: en effet la loi du 4 Fructidor an V, intitulée, *Loi additionnelle à celle du 13 Brumaire an V*, porte article 2 : *Le conseil de guerre.... sera composé d'un général etc..... d'un commissaire du pouvoir exécutif etc.....* ce qui prouve que ce fonctionnaire fait partie de la *composition* des conseils.

D'après l'article 3 de la loi de Brumaire, le procureur du Roi est institué tant *pour l'observation des formes que pour l'application et l'exécution de la loi.* L'importance de pareils devoirs est assurément exclusive de la possibilité d'un changement. Supposé qu'un procureur du Roi religieux observateur de la loi et des formes qu'elle prescrit dans l'intérêt des prévenus, vienne, pour une affaire spéciale, gêner le pouvoir; il serait donc possible à l'autorité de se débarrasser de cet homme intègre, consciencieux, qu'aucune considération n'aurait ébranlé, et de le remplacer par un homme qui ne tiendrait pas à l'observation des formes et serait même disposé à les laisser violer? Il ne s'agit pas d'appliquer cette hypothèse au procureur du Roi nommé pour le procès ; mais l'hypothèse n'en est pas moins permise, parceque c'est à sa considération que la défense du changement a été prononcée.

Enfin il y a une raison décisive dans le texte même de la loi de Brumaire: *Le commandant*, porte l'article 5, *est autorisé à changer tout ou partie des membres du conseil... ce changement ne pourra néanmoins avoir lieu etc....* de là résultent deux conséquences: ou le procureur du Roi fait partie intégrante du conseil, de manière qu'on doive lui appliquer la disposition finale de l'article 5, et alors le commandant n'était pas autorisé à le changer; ou bien il ne fait pas partie des membres du conseil, et alors le commandant n'était pas davantage autorisé à le changer, parceque l'article 5 ne lui permettrait, dans ce cas, *pour le bien du service, de changer que les membres du conseil* et non le procureur du Roi, surtout après l'arrestation du prévenu ou l'information commencée: en effet, c'est par une délégation expresse de la loi que le commandant a le pouvoir de nommer les membres du conseil de guerre, car dans la règle générale ce pouvoir devrait appartenir à l'autorité souveraine, de qui toute justice émane : or la délégation de nommer est spéciale et restrictive, elle n'en renferme pas une seconde qui aurait pour objet le pouvoir de détruire les nominations, de changer le personnel du conseil. Ces deux pouvoirs sont tellement distincts et indépendans l'un de l'autre, que la loi a jugé nécessaire de s'occuper de tous deux. L'article 4, confère le droit de nomination, (la faculté du remplacement que donne cet article n'est d'aucun poids ici, puisque *l'empêchement légitime* du procureur du Roi remplacé, non seulement n'est pas prouvé, mais qu'il n'est pas même allégué au procès.) C'est de l'article 5 que résulte le droit de révocation : c'est donc dans cet article que réside la difficulté : or confère-t-il au commandant le droit de changer, pour le bien du service, la personne du procureur du Roi? Alors, sa disposition étant générale et absolue, il n'a pu le faire que sous la condition finale : au contraire, ce droit ne lui est-il pas accordé? alors il y a eu usurpation de pouvoir; le conseil de guerre *n'était pas formé de la manière prescrite par la loi*, puisqu'il y manquait le procureur du Roi légalement reconnu, et que celui qui s'est présenté pour le remplacer n'en avait que le nom et pas le caractère.

L'article 16 de la loi du 18 Vendémiaire porte ensuite:

2.° *Lorsqu'il a outrepassé sa compétence, soit à l'égard des prévenus, soit à l'égard des délits dont la loi lui attribue la connaissance.*

Par les réflexions que le conseil a déja entendues, dit le défenseur, et qui prouvent l'inexistence légale des conseils de guerre, et principalement leur incompétence pour

.connaitre du crime d'embauchage, la question se trouve résolue. Mais il existe un moyen plus puissant, c'est que le conseil de guerre ne pouvant juger les accusés que comme embaucheurs, si ce délit n'existe pas, la matière manque pour juger. A cet effet il établit que lorsque le Royaume jouit de l'état de paix, qu'il n'existe pas de troubles intérieurs, le crime d'embauchage ne peut se concevoir légalement : il indique les dangereuses conséquences que pourrait faire naitre un jugement qui déclàrerait à la face de l'Europe que la révolte est en France, que la guerre civile desole nos provinces; et enfin il prouve que c'est faussement que par la mise en prévention, les accusés ont été qualifiés d'embaucheurs, parcequ'aucun des caractères légaux de ce crime, ne se rencontre dans la cause.

Enfin le même article 16 de la loi du 18 Vendémiaire indique comme donnant ouverture au pourvoi;

4.° *Lorsque les formes n'ont pas été observées, soit dans l'information, soit dans l'instruction,*
or il existe dans l'instruction du procès de nombreux moyens de nullité.

PREMIER MOYEN. Violation de l'article 30 de la loi du 13 Brumaire an V.

·Cet article prescrit le mode des délibérations des conseils de guerre : il ordonne que les voix soient recueillies en commençant par le grade inférieur, et que le président émette son opinion le dernier : indiquer que le but de cette disposition est d'assurer et de garantir l'indépendance et la liberté des suffrages, c'est avertir assez de sa haute importance. Cette loi a été formellement violée quant au jugement que le conseil de guerre a rendu le 19 Septembre sur la compétence : le procès-verbal porte simplement, que lorsque la séance est redevenue publique, le président a annoncé que le conseil ordonnait à l'unanimité qu'il serait passé outre. Dès qu'un tribunal civil ou militaire délibère, il doit, afin d'imprimer un caractère légal à sa délibération, se conformer à de certaines formalités : les conseils de guerre notamment sont astreints à procéder, dans les délibérations qui précèdent leurs jugemens, selon le vœu de l'article 3o. Vainement dirait-on, que ces formes ne sont exigées que pour les jugemens définitifs : d'abord la loi ne distingue pas; un jugement sur la compétence n'est-il pas d'ailleurs de nature à devenir définitif, si l'incompétence est admise ? et pourrait-on prétendre, sans absurdité, que pour un pareil jugement, qui n'est pas d'une importance moindre que celui sur le fond, les conseils soient dispensés de toutes formes ? Cependant il n'en existe pas d'autres que celles prescrites par l'article 3o.

Le défenseur établit ensuite par des principes qu'il cite et par des exemples marquans, que pour s'assurer que les formes ont été observées, le juge de révision ne peut consulter que le procès verbal, que ce document est son seul guide, la seule preuve admissible.

Deuxième moyen. Violation de l'article 317 *du code d'instruction criminelle.*

Cet article, qui n'est que la répétition d'un principe admis et reconnu par toutes les législations, ordonne, *à peine de nullité*, que les témoins prêtent serment avant leur déposition : cette formalité est une garantie offerte par la loi contre les dangers de la preuve testimoniale ; le serment est la seule caution que le témoin fournit de sa véracité. L'omission de cette forme tutélaire pour un seul témoin suffirait pour entrainer la nullité de la procédure entière : la mention de son observation se trouve consignée au procès verbal pour tous les témoins entendus à charge, n'y eût-elle pas été insérée aussi pour les témoins à décharge, si elle avait été observée à leur égard ! ici, l'avocat établit par de nouvelles considérations : qu'aux yeux du conseil de révision, rien ne peut être vrai, que ce que le procès verbal constate.

Troisième moyen. Violation de l'article 6, *titre* 5, *de la loi du* 12 *Mai* 1793.

Cet article porte : *les témoins assignés ou produits par l'accusé, seront entendus dans le débat.*

Cet article peut encore être invoqué : il n'a été abrogé par aucune loi subséquente ; tout le monde est d'accord là dessus : son esprit a passé d'ailleurs dans toutes les lois rendues sur la matière : il est conforme à l'équité. Le droit de défense est sacré, on ne peut sans violer les lois divines et humaines le gêner ou le restreindre. Quatorze témoins assignés par les accusés, n'ont pas comparu ; plusieurs d'entre eux devaient, par leurs dépositions, constater des faits de la plus grave importance au procès : les excuses qu'ils ont fournies ne sont évidemment que des prétextes pour s'abstenir de comparaitre ; au lieu d'accueillir ces excuses avec tant de légèreté, le conseil devait user du droit que lui donne la loi pour les contraindre à paraitre.

Après avoir développé les principes sur la matière, le défenseur invoque la jurisprudence constante du conseil de révision : il cite l'exemple de plusieurs jugemens rendus par lui, notamment d'un jugement rendu au mois de Juillet dernier, qui prononça l'annullation d'une sentence capitale, par le seul motif, qu'un témoin, appelé pour constater *la moralité* du condamné, n'avait pas été entendu. La justice, dit-il, ne doit pas avoir deux poids et deux mesures : et si en matière criminelle, le juge doit chercher à s'entourer de toutes les lumières, ce besoin se fait sentir d'avantage encore, lorsqu'il s'agit de délits politiques ; parceque dans ces causes l'influence du pouvoir est plus directe, et que l'espoir ou la soif des récompenses peut avoir été le mobile des dénonciateurs.

QUATRIÈME MOYEN. Violation de l'art. 30 *de la loi du* 13 *Brumaire an* 5, 1.e *formule du décret du* 8 *Frimaire an* 6 *et de l'art.* 337 *du code d'instruction criminelle.*

Ces lois sont d'accord pour imposer au juge le devoir de poser la question, sur laquelle doit rouler la délibération, d'une manière conforme à l'acte d'accusation, d'une manière qui *indique clairement le délit.* De quel délit l'accusé était-il prévenu ? l'arrêt de la cour de cassation nous l'apprend : cet arrêt est le véritable acte d'accusation, c'est lui qui a saisi le conseil de guerre, sans lui ce tribunal eût été sans pouvoir et sans mission pour juger le procès: c'est comme prévenu du crime *d'embauchage pour les rebelles*, que le colonel Caron a été renvoyé devant le conseil.

La question a été posée ainsi: l'accusé est-il coupable d'embauchage? Cette question est complexe, elle n'est pas conforme à l'acte d'accusation, elle *n'indique pas clairement le délit* : il y a plnsieurs manières d'embaucher; ce n'est pas sur une accusation vague d'embauchage, mais sur le crime spécial *d'embauchage pour les rebelles* que le conseil devait prononcer. L'avocat cite plusieurs arrêts de la cour de cassation, qui, pour ce motif, ont annullé des arrêts de cours d'assises.

Cette plaidoierie qui a duré deux heures et demie, et dans laquelle les moyens, dont nous n'avons présenté que l'analyse, ont été développés, le défenseur la termine en disant, que le conseil de révision s'applaudira sans doute de voir se réunir des motifs si nombreux et si puissans, pour lui donner les moyens d'annuller la sentence qui lui est déférée, et d'empêcher ainsi de devenir irréparable, la funeste erreur que le 1.er conseil de guerre a commise.

M. le rapporteur reprend la parole : il présente quelques considérations qu'il termine par ces mots : je ne sais si je me trompe, mais je déclare que j'ai l'intime conviction qu'aucun des moyens présentés n'est fondé, et je persiste dans mes conclusions.

Me Liechtenberger répond à M. le rapporteur.

M. le procureur du Roi se lève et lit des conclusions tendantes à la confirmation pure et simple du jugement.

M. le président déclare que le conseil va délibérer et fait évacuer la salle d'audience. Après vingt minutes de délibération, les portes sont rouvertes:

M. le président donne lecture du jugement suivant :

Le conseil de révision permanent de la 5.e division militaire, statuant sur le pourvoi formé par Augustin Joseph Caron, contre le jugement rendu contre lui par le 1.er conseil de guerre permanent de la même division, le 22 Septembre courant : attendu que le conseil de guerre était compétent, que les formes ont été observées, que la loi a été bien appliquée, confirme à l'unanimité le dit jugement, ordonne qu'il recevra sa pleine et entière exécution.

L'audience est levée.

Depuis le moment où le jugement du 1.er conseil de guerre a été confirmé par le conseil de révision, jusqu'au moment de l'exécution, il n'a plus été permis à Caron de communiquer avec son défenseur; c'est dire assez qu'aucune autre personne ne put le voir. Il n'y eut d'exception que pour deux ecclésiastiques MM. Delatouche et Schittig, dont le condamné avait reçu les premières visites dans l'intervalle qui a séparé le premier jugement du second. Déjà même et durant ce très-court espace de tems, Caron n'avait vu que son défenseur en présence du concierge et de l'officier de poste, et pendant une heure chaque jour. *)

Le calme avec lequel Caron reçut la nouvelle de sa condamnation, dans la soirée du 22 Septembre, avait annoncé la fermeté et le caractère qu'il a montrés jusqu'à la fin. Cette fermeté ne doit point étonner de la part d'un homme qui, dans le cours des débats, avait déjà fait preuve de tant de sang-froid et de présence d'esprit. Un journal, qu'il n'est pas besoin de nommer ici, a imprimé que Caron avait paru *abattu*, *découragé* dans les deux dernières audiences; le rédacteur de cet article en eût pensé autrement, s'il eût assisté à ces au-

---

*) Deux autres permissions furent cependant accordées, pour un moment, l'une à un ami de Caron qui venait l'entretenir de son fils, l'autre au défenseur de Roger.

diences, si surtout il eût entendu le *non M. le président* que Caron répondit, lorsqu'on lui demanda s'il avait encore quelque chose à ajouter à sa défense ; ni ses traits, ni sa voix ne présentaient la moindre altération, à ce moment qui précéda de vingt cinq minutes son arrêt de mort.

Lorsque le capitaine rapporteur vînt lui en faire lecture, Caron était à table ; après l'avoir entendue il acheva son repas. (Nous ne rapporterons point les paroles qu'il adressa à cet officier ; dans la crainte d'être inéxacts.)

Ainsi qu'on l'a dit, toute communication lui fut interdite (si ce n'est celle qu'on lui permit avec les deux aumoniers) à compter du jugement de révision rendu le 30 Septembre. Dans la matinée du 1.er Octobre, le défenseur de Caron fit faire trois tentatives successives et par différentes personnes auprès de l'autorité supérieure; il demandait à entretenir son client au nom de sa femme, de son enfant. L'autorité crut devoir persister dans la détermination qu'elle avait prise. Dès le 24 Septembre, Madame Caron, détenue encore en ce moment dans les prisons de Colmar, avait éprouvé le même refus de M. le procureur du Roi. Voici la lettre qu'elle adressa à ce magistrat, pour lui demander la grâce de venir à Strasbourg, recevoir les adieux de son mari :

Des prisons de Colmar le 24 Septembre 1822.
A Monsieur le procureur du Roi près le tribunal de première instance de l'arrondissement de Colmar.
Monsieur le procureur du Roi,

Avant hier mon malheureux époux a été condamné à mort par un conseil de guerre; il ne m'appartient pas de qualifier cette condamnation. Depuis trois mois, je suis moi-même sous les verroux et j'ai été violemment privée de la triste consolation de rendre plus supportable sa captivité à Strasbourg et d'être présente à son jugement. Que la malédiction divine s'appésantisse sur la tête de celui qui en est la cause!

Demain, Monsieur le procureur du Roi, demain peut-être . . . . je n'ose achever!

S'il existe encore parmi les hommes quelque sentiment d'humanité ou de pitié, on ne peut me refuser d'aller recevoir les derniers embrassemens et les ordres toujours sacrés pour moi, de celui qui fit mon bonheur pendant tant d'années, et qui servit sa patrie avec tant d'honneur, et de courage.

J'ose vous supplier, Monsieur le procureur du Roi, de vouloir bien permettre que j'aille auprès de mon malheureux époux: je vous en conjure à genoux. Qu'on me fasse conduire à mes frais, en poste, par deux, par quatre gendarmes, les fers aux pieds, aux mains, au col, enchainée comme la plus dangereuse créature, s'il le faut, je supporterai tout avec calme, avec plaisir même, si je puis encore voir et embrasser la malheureuse victime de la perfidie la plus atroce.

Daignez, Monsieur le procureur du Roi, m'honorer *d'une très prompte réponse.*

votre respectueuse et très humble servante
femme Caron.

Monsieur le procureur du Roi se crut dans la pénible nécessité de faire à Madame Caron la réponse suivante.

Colmar le 24 Septembre 1822.

Madame,

Je sens vivement tout ce que votre position a de déplorable et j'éprouve un véritable regret de ne pouvoir l'alléger, en vous accordant la douloureuse consolation que vous réclamez par la lettre que vous m'avez fait l'honneur de m'écrire sous la date de ce jour.

L'objet de votre demande n'entre ni dans mes attriburions, ni dans celles du tribunal. Vous êtes, madame, sous le poids d'un mandat de dépôt, qui ne peut être annullé qu'en vertu d'une décision de la chambre du conseil du tribunal, que l'état de la procédure à l'égard de quelques uns de vos coprévenus ne permet pas de faire intervenir encore. La nature de la prévention qui pèse sur vous, madame, ne me permet pas non plus de provoquer votre mise en liberté provisoire moyennant caution, ni même une simple translation d'une prison dans une autre. La loi m'en fait une défense expresse que je trouve surtout pénible aujourd'hui.

Recevez l'assurance de mes regrets et de la considération distinguée avec laquelle j'ai l'honneur d'être,

Madame,

votre très-humble et très-obéissant serviteur,

le procureur du Roi

signé : Pougnet,

substitut.

Peu d'instans avant l'heure fixée pour son supplice, Caron écrivit deux billets, l'un à son épouse, l'autre à son défenseur : le lecteur y reconnaitra toute la sérénité, tout le calme dont nous avons parlé, et qui ne l'abandonnèrent pas un instant.

Voici ces deux écrits :

Billet à Madame Caron.

C'est aujourd'hui, ma bien aimée, que ton ami te quitte pour ne plus te revoir que dans l'éternité. Oh ! ma bien aimée, que cette séparation est cruelle pour mon cœur ! aie bien soin de mon pauvre Alfred, ménage-toi pour lui, ne t'abandonne pas au désespoir, il a encore besoin de tes tendres soins ; pour moi, ce soir je ne pourrai plus lui être d'aucune utilité. J'emporte avec moi au tombeau tes deux derniers billets, ils seront sur mon cœur. Adieu, ma chère amie, je t'embrasse de toute mon ame, ainsi que mon trop malheureux Alfred.

Billet à Me Liechtenberger, avocat.

Mon cher défenseur et dernier ami, j'ai reçu vos adieux ; recevez ici les miens et mes derniers remercimens ; consolez-vous, je sais mourir : si jamais vous voyez ma malheureuse femme, dites lui bien que son souvenir et celui d'Alfred ne m'ont pas quitté un instant. Je vous prie de retirer mes effets et de les faire parvenir à ma femme, tâchez aussi que l'on me paie mon trimestre, il servira à amortir quelques dettes que j'ai : on vous défend de me voir encore, mais on ne me défend pas de vous aimer : je vous embrasse une dernière fois.

Caron.

Dans cette même matinée du premier Octobre, Caron eut de M. Schittig une visite de plusieurs heures ; il remercia cet ecclésiastique des soins qu'il venait lui offrir.

Enfin le moment fatal arriva. Ce jour, premier Octobre, à deux heures de relevée, on vint chercher Caron, à la prison militaire, (où il était gardé depuis le 26 Septembre) pour le conduire sur le glacis devant la caserne de Finckmatt.

Il monta seul dans une voiture de place qu'escortaient des gendarmes à cheval, et un piquet d'infanterie. Sa mise était soignée, son maintien ferme et assuré.

Arrivé au lieu indiqué, Caron descend de voiture sans le secours de personne. On lui offre encore les soins de l'aumonier ; il le remercie de nouveau.

Caron, parcourant des yeux le terrain, mesure lui-même la distance qui doit le séparer des soldats et sous-officiers dont les balles doivent le percer ; on veut lui faire une seconde lecture de la sentence, il refuse, en disant : *je la connais, c'est inutile.* Un officier se présente pour lui bander les yeux et le faire mettre à genoux, il le repousse avec un mouvement où se peignent la surprise et l'indignation . . . Debout et dans la plus ferme attitude, Caron donne le signal du roulement, il commande le feu . . . . Le jugement du conseil de guerre a reçu son exécution.

Le lieutenant-colonel Caron avait commencé sa carrière fort jeune et comme soldat en 1789, dans un régiment d'infanterie. En 1791 il entra dans le 4.e régiment de dragons, et obtint successivement tous les grades et la croix d'officier de la légion d'honneur par sa conduite et sa bravoure. Caron a fait toutes les campagnes de la révolution ; mais son plus beau fait d'armes est sans contredit celui qni le distingua dans la journée du 24 Février 1814, entre Troyes et Bar-sur-Ornain. La France éprouvait alors la première invasion, une de ses plus déplorables calamités. Caron, alors major au 17.e de dragons, fut chargé de suivre l'ennemi dans la retraite qu'il opérait en ce moment: il commandait deux-cent soixante-douze hommes. Après avoir essuyé au village de S. Paar le feu d'un régiment de dragons autrichiens (autrefois dragons de Latour) et d'un corps d'infanterie placé en embuscade dans ce village , Caron parvient à attirer la cavalerie sur un point favorable, la charge de nouveau et lui prend plus de deux-cent chevaux. Il revient ensuite sur l'infanterie et deux-mille hommes mettent bas les armes . . . . .

Caron fut, comme on sait, impliqué dans la conspiration du 19 Août 1820. Voici en quels termes s'exprimait son défenseur, M.e Barthe à l'audience de la cour des pairs le 2 Juin, sur la vie et les habitudes de son client: „Comme tant d'autres officiers français, l'honneur „de nos armées, sa vie toute entière a été consacrée au „service de l'état; soldat à quinze ans, sans autre appui „que lui-méme, il s'est élevé de grade en grade, jusqu'au „rang de major d'un régiment de dragons; son caractère, „ses habitudes, ses sentimens, tout est en lui d'un an-„cien soldat français.“ Si tel est le portrait fidèle du lieu-tenant-colonel Caron , on ne sera pas surpris de ces paroles , que, depuis sa condamnation, il adressait à un ami en présence du geolier et de l'officier de poste: „Ce n'est „pas la mort que je crains, disait-il, ce qui me déchire „le cœur, c'est l'idée de la recevoir de la main de mes „frères d'armes, de ceux-là même avec lesquels j'ai com-„battu trente ans pour ma Patrie.“

Erratum :

P. 145 *ligne* 7 . *au lieu de* dangereux *lisez* courageux.

www.ingramcontent.com/pod-product-compliance
Ingram Content Group UK Ltd.
Pitfield, Milton Keynes, MK11 3LW, UK
UKHW022215120726
13694UKWH00002B/561